ZHIHUI CAIWU GUANLI
YU NEIBU
KONGZHI YANJIU

智慧财务管理与内部控制研究

曹体涛 闫江江 魏杰 ◎ 著

中国出版集团

中译出版社

图书在版编目（CIP）数据

智慧财务管理与内部控制研究／曹体涛，闫江江，魏杰著 . -- 北京：中译出版社，2024. 6. -- ISBN 978-7-5001-8069-2

Ⅰ . F275

中国国家版本馆 CIP 数据核字第 20249K56D8 号

智慧财务管理与内部控制研究

ZHIHUI CAIWU GUANLI YU NEIBU KONGZHI YANJIU

著　　者：曹体涛　闫江江　魏　杰

策划编辑：于　宇

责任编辑：于　宇

文字编辑：田玉肖

营销编辑：马　萱　钟筏童

出版发行：中译出版社

地　　址：北京市西城区新街口外大街 28 号 102 号楼 4 层

电　　话：（010）68002494（编辑部）

邮　　编：100088

电子邮箱：book@ctph. com. cn

网　　址：http://www. ctph. com. cn

印　　刷：北京四海锦诚印刷技术有限公司

经　　销：新华书店

规　　格：710 mm × 1000 mm　1/16

印　　张：13. 5

字　　数：219 千字

版　　次：2025 年 3 月第 1 版

印　　次：2025 年 3 月第 1 次印刷

ISBN 978-7-5001-8069-2　　定价：　68. 00 元

前　言

数字化、网络化时代的到来，改变了传统的经济社会运行方式，对企事业单位的运营及管理产生了巨大的影响。在互联网技术的支持下，人们不再依赖大量的人工完成相关工作，而是通过网络技术及计算机软件完成对相关工作的管理。在企业的管理过程中，伴随各种先进技术的应用，企业的运作方式及管理体系也发生了巨大的变化。其中，财务管理工作作为企事业单位运营中非常重要的管理环节，也变得越来越智慧化。内部控制管理作为企事业单位经营的核心，受到企事业单位管理者的高度关注，其对企事业单位发展的影响也越来越大。当前，在智慧财务下，企事业单位内部控制体系的信息化建设还存在一些问题，因此，企事业单位也要从完善内部控制体系着手，加强信息化建设，以满足市场经济发展的需要。

本书从智慧财务管理概述入手，详细介绍了财务管理目标、原则与管理环节等内容，旨在帮助读者了解智慧财务管理的基础知识。除此之外，书中还对企事业单位财务管理智能化进行了分析，如投资管理及其智能决策、融资管理及其智能决策等。最后深入探讨了智慧财务管理中的新技术应用、智能化财务内部控制与应用方面的内容。本书框架新颖、内容丰富，表现出新颖性、时代性、理论性、实践性、操作性、示范性和可读性等特点，便于从事财务管理工作的读者们参考，具有一定的学术价值和使用价值。

由于作者知识水平的不足，以及文字表达能力的限制，书中难免会有疏漏及不足之处。对此，希望各位专家学者和广大读者能够予以谅解，并提出宝贵意见，作者当尽力修订完善。

作者

2024 年 4 月

目 录

第一章　智慧财务管理概述

第一节　财务管理目标与原则

一、财务管理概述

（一）财务管理的概念

财务管理是企业再生产过程中组织各项财务活动、处理与各方面财务关系的一项经济管理工作。一般而言，财务管理是在一定的整体目标下，关于资产的购置（投资）、资本的融通（筹资）、经营中现金流量（营运资金）以及利润分配的管理。西方财务学主要由三大领域构成，即公司财务、投资学和宏观财务。其中，公司财务在我国常被译为"公司理财学"或"企业财务管理"。任何组织都需要财务管理，但是营利性组织与非营利性组织的财务管理有较大区别。在我国，财务管理可看作企业管理的一个组成部分，是根据财经法规制度，按照财务管理的原则，组织企业财务活动、处理财务关系的一项经济管理工作；企业财务管理是以企业价值最大化为目标所开展的一系列财务活动，包含筹资、投资、资金的营运、利润分配等财务活动过程。财务活动伴随着生产经营活动的过程不断反复进行，这一财务活动就是财务管理。它是一种价值管理，主要利用资金、成本、收入、利润等价值指标，运用财务预测、财务决策、财务运算、财务控制、财务分析等手段来组织企业中价值的形成、实现和分配。因此，它具有很强的综合性。

（二）财务活动

财务活动是指资金的筹集、运用、收回及分配等一系列行为。从整体上讲，它包括筹资活动、投资活动、日常资金营运活动、利润分配活动。

1. 筹资活动

资金是企业的推动力，筹集资金是企业资金运动的起点，是企业投资的必要前提。企业取得资金以及由此而产生的一系列经济活动就构成了企业的筹资活动。在筹资过程中，企业一方面要确定合理的筹资总规模；另一方面，要通过对筹资渠道、筹资方式或筹资工具的选择，合理确定资金结构，以降低筹资成本和风险。

通常企业可以通过两种不同渠道取得资金：一是企业自有资金，企业通过向投资者吸收直接投资、发行股票、企业内部留存收益等方式取得；二是企业债务资金，企业通过从银行贷款、发行债券、利用商业信用等方式取得。以上的筹资方式会引起资金流入企业，此为资金收入；当企业在筹资时支付各种筹资费用，如向投资者支付股利、向债权人支付利息以及到期偿还本金时，会引起资金流出企业，此为资金支出。这种由于资金筹资而产生的资金收支活动就是筹资活动。

2. 投资活动

企业筹集的资金只有投入使用，才能与劳动者相结合创造收益，增加企业的价值。企业对资金的运用包含两个方面的内容：将资金投资于长期资产或短期资产。企业将资金投放于长期资产，通常称为投资活动，而资金用于短期资产称为资金营运活动。企业的投资活动可以分为两类：广义的投资和狭义的投资。广义投资活动包括企业内部使用资金的过程（如购置固定资产、无形资产等）和对外投放资金的过程（如购买其他企业的股票、债券或与其他企业联营等）；狭义的投资活动仅指对外投资。无论是对内投资，还是对外投资，都会有资金的流出；当企业收回投资时，如处置固定资产、转让债券等，会引起资金的流入。这种由资金的投放而引发的资金的收支活动就是投资活动。

3. 资金营运活动

企业短期资金的周转是伴随着日常生产经营循环来实现的。企业在日常经营活动中，会发生一系列的资金收付业务，具体表现为：企业运用资金购买原材料并组织工人对其进行加工，直到加工成可供销售的商品，同时向劳动者支付劳务报酬以及支付各种期间费用。当企业资金用来偿付这些料、工、费的消耗时会引起资金的流出；当产品销售出去后，取得收入，形成资金的流入。这种因企业日常经营活动而引起的各种资金收支活动就是资金营运活动。

4. 利润分配活动

企业通过对内、对外投资取得收益，这表明企业实现了资金的增值或取得了投资报酬。企业的利润要按规定的程序进行分配。首先，要依法纳税；其次，要用来弥补亏损，提取盈余公积金、公益金；最后，要向投资者分配利润。这种因实现利润并对其进行分配而引起的各种资金收支活动就是利润分配活动。

上述四项财务活动并不是彼此孤立、互不关联的，而是相互依存、相互制约的，它们共同构成了完整的企业财务活动，这四个方面也是财务管理的基本内容，即企业筹资管理、企业投资管理、企业营运资金管理和企业利润分配管理。

（三）财务关系

企业在从事各种资金收支活动中，不可避免地会与不同的利益主体发生联系，从而形成企业的财务关系。所谓财务关系是企业在理财活动中产生的与各相关利益集团间的利益关系。可概括为以下七个方面。

1. 企业与投资者之间的财务关系

企业与投资者的财务关系是指企业的投资者向企业投入资金，以及企业向投资者支付投资报酬所形成的经济关系。企业的资本金来自投资者，因此投资者就是企业的所有者。按照投资主体的不同，可以将投资者分为国家、法人、个人三种类型。企业的投资者按照合同、协议、章程的约定，履行出资义务及时形成企业资本金，获取参与生产经营、分享利润的权利。企业接受资金后，加以利用，取得利润后，按照出资比例或合同、协议、章程规定的分配比例向投资者分配利润。企业与投资者之间的财务关系体现所有权性质，反映经营权与所有权的关系。

2. 企业与债权人之间的财务关系

企业与债权人的关系是指企业向债权人借入资金，并按借款合同的规定按时支付利息和归还本金所形成的经济关系。企业向债权人借入资金形成企业的债务资金，企业按照借款协议或合同中的约定按时向债权人支付利息作为对债权人出资的回报，并到期偿还本金；债权人按照合同中的约定及时将资金借给企业成为企业的债权人，并有权按合同、协议的约定取得本息的清偿。企业与债权人之间的财务关系表现为债务与债权关系。

3. 企业与债务人之间的财务关系

企业与债务人的财务关系主要是指企业将其资金以购买债券、提供借款或商业信用等形式借给其他单位所形成的经济利益关系。企业将资金借出后，有权要求债务人按约定的条件偿还本息。企业与债务人之间的财务关系表现为债权与债务的关系。

4. 企业与被投资者之间的财务关系

企业与被投资者的财务关系是指企业以购买股票或直接投资的形式向其他企业投资所形成的经济关系。企业可以将生产经营中闲置的资金购买其他企业股票，形成股权性投资。随着经济一体化的深入，企业间横向联合的开展，使企业间资金的横向流动增多。企业向其他单位投资应按约定履行出资义务，参与被投资企业的利润分配。被投资企业接受投资者之间的财务关系体现为所有权性质的投资与受资的关系。

5. 企业与内部各单位、各部门之间的财务关系

企业与内部各单位、各部门之间的财务关系是指企业在实行内部责任核算中所形成的资金结算关系。一般来说，企业内部各部门、各单位与企业财务部门都要发生领款、报销、代收、代付的收支结算关系。在实行内部经济核算制度和经营责任制度的条件下，企业内部各部门、各单位都有相对独立的资金定额或独立支配的费用定额，当各部门、各单位之间相互提供产品和劳务要进行结算时，企业财务部门同内部各部门、各单位就发生资金的结算关系。这种财务关系属于企业内部的资金结算关系，体现了企业内部各部门、各单位之间的利益关系。

6. 企业与职工之间的财务关系

企业与职工之间的财务关系是通过签订劳务合同形成的一种财务关系。企业要用营业收入，按照一定的标准向职工支付工资、奖金、津贴、养老保险金、失业保险金、医疗保险金、住房公积金等。此外，企业还可根据自身的发展需要，为职工提供培训的机会。职工按照合同约定为企业提供劳务服务，领取报酬。这种财务关系属于劳动成果上的分配关系。

7. 企业与税务机关之间的财务关系

企业与税务机关之间的财务关系是指企业按照国家税法的规定缴纳各种税款而形成与国家税务机关之间的财务关系。税务机关以社会管理者的身份向一切企

业征收税收，形成国家财政收入的重要来源。企业应按照国家税法的规定及时足额上缴各种税款，以保证国家财政收入的实现，满足社会各方面的需要，这是企业业对国家应尽的义务。企业与税务机关之间的财务关系体现了依法纳税和依法征税的税收权利义务关系。

二、财务管理目标

企业的目标就是创造价值。一般而言，企业财务管理的目标就是为企业创造价值服务。鉴于财务主要是从价值方面对企业的商品或者服务提供过程实施管理，因而财务管理可为企业的价值创造发挥重要作用。

（一）企业财务管理目标理论

企业财务管理目标有如下四种具有代表性的理论。

1. 利润最大化

利润最大化就是假定企业财务管理以实现利润最大化为目标。

以利润最大化作为财务管理目标，其主要原因有三：一是人类从事生产经营活动的目的是创造更多的剩余产品，在市场经济条件下，剩余产品的多少可以用利润这个指标来衡量；二是在自由竞争的资本市场中，资本的使用权最终属于获利最多的企业；三是只有每个企业都最大限度地创造利润，整个社会的财富才可能实现最大化，从而带来社会的进步和发展。

利润最大化目标的主要优点是企业追求利润最大化，就必须讲求经济核算，加强管理，改进技术，提高劳动生产率，降低产品成本。这些措施都有利于企业资源的合理配置，有利于企业整体经济效益的提高。

2. 股东财富最大化

股东财富最大化是指企业财务管理以实现股东财富最大化为目标。在上市公司，股东财富是由其所拥有的股票数量和股票市场价格两方面决定的。在股票数量一定时，股票价格达到最高，股东财富也就达到最大。

与利润最大化相比，股东财富最大化的主要优点是：

①考虑了风险因素，因为通常股价会对风险做出较敏感的反应。

②在一定程度上能避免企业短期行为，因为不仅目前的利润会影响股票价

格，其未来的利润同样会对股价产生重要的影响。

③对上市公司而言，股东财富最大化目标比较容易量化，便于考核和奖惩。

3. 企业价值最大化

企业价值最大化是指企业财务管理行为以实现企业的价值最大化为目标。企业价值可以理解为企业所有者权益的市场价值，或者是企业所能创造的预计未来现金流量的现值。未来现金流量这一概念，包含了资金的时间价值和风险价值两个方面的因素。因为未来现金流量的预测包含了不确定性和风险因素，而现金流量的现值是以资金的时间价值为基础对现金流量进行折现计算得出的。

企业价值最大化要求企业通过采用最优的财务政策，充分考虑资金的时间价值和风险与报酬的关系，在保证企业长期稳定发展的基础上使企业总价值达到最大。

以企业价值最大化作为财务管理目标，具有以下优点：

①考虑了取得报酬的时间，并用时间价值的原理进行了计量。

②考虑了风险与报酬的关系。

③将企业长期、稳定的发展和持续的获利能力放在首位，能克服企业在追求利润上的短期行为，因为不仅目前利润会影响企业的价值，预期未来的利润对企业价值增加也会产生重大影响。

④用价值代替价格，克服了过多受外界市场因素的干扰，有效地规避了企业的短期行为。

4. 相关者利益最大化

在现代企业是多边契约关系的总和的前提下，要确立科学的财务管理目标，首先就要考虑哪些利益关系会对企业发展产生影响。在市场经济中，企业的理财主体更加细化和多元化。股东作为企业所有者，在企业中承担着最大的权力、义务、风险和报酬，但是债权人、员工、企业经营者、客户、供应商和政府也为企业承担着风险，主要有以下方面：

①随着举债经营的企业越来越多，举债比例和规模也不断扩大，使得债权人的风险大大增加。

②在社会分工细化的今天，由于简单劳动越来越少、复杂劳动越来越多，使得职工的再就业风险不断增加。

③在现代企业制度下，企业经理人受所有者委托，作为代理人管理和经营企业，在激烈的市场竞争和复杂多变的形势下，代理人所承担的责任越来越大，风险也随之加大。

④随着市场竞争和经济全球化的影响，企业与客户以及企业与供应商之间不再是简单的买卖关系，更多的情况下是长期的伙伴关系，处于一条供应链上，并共同参与同其他供应链的竞争，因而也与企业共同承担一部分风险。

⑤政府不管是作为出资人，还是作为监管机构，都与企业各方的利益密切相关。

综上所述，企业的利益相关者不仅包括股东，还包括债权人、企业经营者、客户、供应商、员工、政府等。因此，在确定企业财务管理目标时，不能忽视这些相关利益群体的利益。

相关者利益最大化目标的具体内容包括如下八个方面：

①强调风险与报酬的均衡，将风险限制在企业可以承受的范围内。

②强调股东的首要地位，并强调企业与股东之间的协调关系。

③强调对代理人即企业经营者的监督和控制，建立有效的激励机制以便企业战略目标的顺利实施。

④关心本企业普通职工的利益，创造优美和谐的工作环境和提供合理、恰当的福利待遇，培养职工长期努力为企业工作。

⑤不断加强与债权人的关系，培养可靠的资金供应者。

⑥关心客户的长期利益，以便保持销售收入的长期稳定增长。

⑦加强与供应商的协作，共同面对市场竞争，并注重企业形象的宣传，遵守承诺、讲究信誉。

⑧保持与政府部门的良好关系。

以相关者利益最大化作为财务管理目标，具有以下优点：

①有利于企业长期稳定发展。这一目标注重企业在发展过程中考虑并满足各利益相关者的利益关系。在追求长期稳定发展的过程中，站在企业的角度上进行投资研究，避免只站在股东的角度进行投资可能导致的一系列问题。

②体现了合作共赢的价值理念，有利于实现企业经济效益和社会效益的统一。由于兼顾了企业、股东、政府、客户等的利益，企业就不仅仅是一个单纯谋

利的组织，还承担了一定的社会责任，企业在寻求其自身的发展和利益最大化过程中，由于客户及其他利益相关者的利益，就会依法经营、依法管理，正确处理各种财务关系，自觉维护和确实保障国家、集体和社会公众的合法权益。

③这一目标本身是一个多元化、多层次的目标体系，较好地兼顾了各利益主体的利益。这一目标可使企业各利益主体相互作用、相互协调，并在使企业利益、股东利益达到最大化的同时，也使其他利益相关者利益达到最大化。也就是将企业财富这块"蛋糕"做到最大的同时，保证每个利益主体所得的"蛋糕"更多。

④体现了前瞻性和现实性的统一。比如，企业作为利益相关者之一，有其一套评价指标，如未来企业报酬贴现值，股东的评价指标可以使用股票市价，债权人可以寻求风险最小、利息最大，工人可以确保工资福利，政府可考虑社会效益等。不同的利益相关者有各自的指标，只要合理合法、互利互惠、相互协调，就可以实现所有相关者利益最大化。

（二）利益冲突的协调

将相关者利益最大化作为财务管理目标，其首要任务就是要协调相关者的利益关系，化解他们之间的利益冲突。协调相关者的利益冲突，要把握的原则是：尽可能地使企业相关者的利益分配在数量上和时间上达到动态协调平衡。而在所有的利益冲突协调中，所有者与经营者、所有者与债权人的利益冲突协调又至关重要。

1. 所有者与经营者利益冲突的协调

在现代企业中，经营者一般不拥有占支配地位的股权，他们只是所有者的代理人。所有者期望经营者代表他们的利益工作，实现所有者财富最大化，而经营者则有其自身的利益考虑，两者的目标会经常不一致。通常而言，所有者支付给经营者报酬的多少，在于经营者能够为所有者创造多少财富。经营者和所有者的主要利益冲突，就是经营者希望在创造财富的同时，能够获取更多的报酬、更多的享受；而所有者则希望以较小的代价（支付较小的报酬）实现更多的财富。

为了协调这一利益冲突，通常可采取以下三种方式解决。

（1）解聘

这是一种所有者约束经营者的办法。所有者对经营者予以监督，如果经营者绩效不佳，就解聘经营者；经营者为了不被解聘就需要努力工作，为实现财务管理目标服务。

（2）接收

如果经营者决策失误、经营不力、绩效不佳，该企业就可能被其他企业强行接收或吞并，相应经营者也会被解聘。经营者为了避免这种接收，就必须努力实现财务管理目标。

（3）激励

激励就是将经营者的报酬与其绩效直接挂钩，以使经营者自觉采取能提高所有者财富的措施。激励通常有两种方式。

①股票期权。它是允许经营者以约定的价格购买一定数量的本企业股票，股票的市场价格高于约定价格的部分就是经营者所得的报酬。经营者为了获得更大的股票涨价益处，就必然主动采取能够提高股价的行动，从而增加所有者财富。

②绩效股。它是企业运用每股收益、资产收益率等指标来评价经营者绩效，并视其绩效大小给予经营者数量不等的股票作为报酬。如果经营者绩效未能达到规定目标，经营者将丧失原先持有的部分绩效股。这种方式使经营者不仅为了多得绩效股而不断采取措施提高经营绩效，而且为了使每股市价最大化，也会采取各种措施使股票市价稳定上升，从而增加所有者财富。即使由于客观原因股价并未提高，经营者也会因为获取绩效股而获利。

2. 所有者与债权人的利益冲突协调

所有者的目标可能与债权人期望实现的目标发生矛盾。首先，所有者可能要经营者改变举债资金的原定用途，将其用于风险更高的项目，这会增大偿债风险，债权人的负债价值也必然会降低，造成债权人风险与收益的不对称。

所有者与债权人的上述利益冲突，可以通过以下两种方式解决。

（1）限制性借债

债权人通过事先规定借债用途限制、借债担保条款和借债信用条件，使所有者不能通过以上两种方式削弱债权人的债权价值。

（2）收回借款或停止借款

当债权人发现企业有侵蚀其债权价值的意图时，采取收回债权或不再给予新的借款的措施，从而保护自身权益。

三、财务管理原则及企业的社会责任

（一）财务管理原则

财务管理的原则是企业组织财务活动、处理财务关系的准则，它是从企业财务管理的实践经验中概括出来的、体现理财活动规律性的行为规范，是对财务管理的基本要求。

企业财务管理，必须讲求生财、聚财、用财之道。在这个前提下，要认真贯彻下列原则。

1. 资金合理配置原则

企业财务管理是对企业全部资金的管理，而资金运用的结果则形成企业各种各样的物质资源。各种物质资源总是要有一定的比例关系的，所谓资金合理配置，就是要通过资金活动的组织和调节来保证各项物质资源具有最优化的结构比例关系。

企业物质资源的配置情况是资金运用的结果，同时它又是通过资金结构表现出来的。从一定时点的静态角度来看，企业有各种各样的资金结构。在资金占用方面，有对外投资和对内投资的构成比例，有固定资产和流动资产的构成比例，有有形资产和无形资产的构成比例，有货币性资金和非货币性资金的构成比例，有材料、在产品、产成品的构成比例，等等。在资金来源方面，有负债资金和主权资金的构成比例，有长期负债和短期负债的构成比例，等等。按照系统论的观点，组成系统的各个要素的构成比例，是决定一个系统功能状况的最基本的条件。系统的组成要素之间存在着一定的内在联系，系统的结构一旦形成，就会对环境产生整体效应，或是有效地改变环境，或是产生不利的影响。在财务活动这个系统中也是如此，资金配置合理，从而资源构成比例适当，就能保证生产经营活动顺畅运行，并由此取得最佳的经济效益；否则就会危及购买、生产、销售活动的协调，甚至影响企业的兴衰。因此，资金合理配置是企业持续、高效经营的必不可少的条件。

各种资金形态的并存性和继起性，是企业资金运动的一项重要规律。只有把企业的资金按合理的比例配置在生产经营的各个阶段上，才能保证资金活动的继起和各种形态资金占用的适度，才能保证生产经营活动的顺畅运行。如果企业库存产品长期积压、应收账款不能收回，而又未能采取有力的调节措施，则生产经营必然发生困难；如果企业不优先保证内部业务的资金需要，而把资金大量用于对外长期投资，则企业主营业务的开拓和发展必然受到影响。通过合理运用资金实现企业资源的优化配置，从财务管理来看就是合理安排企业各种资金结构问题。企业进行资本结构决策、投资组合决策、存货管理决策、收益分配比例决策等都必须贯彻这一原则。

2. 收支积极平衡原则

在财务管理中，不仅要保持各种资金存量的协调平衡，而且要经常关注资金流量的动态协调平衡。所谓收支积极平衡，就是要求资金收支不仅在一定期间的总量上求得平衡，而且在每个时点上协调平衡。资金收支在每个时点上的平衡性，是资金循环过程得以周而复始进行的条件。

资金收支的平衡，归根到底取决于购买、生产、销售活动的平衡。企业既要搞好生产过程的组织管理工作，又要抓好生产资料的采购和产品的销售，要购产销一起抓，克服任何一种片面性。只有坚持生产和流通的统一，使企业的购、产、销三个环节互相衔接、保持平衡，企业资金的周转才能正常进行，并取得应有的经济效益。

资金收支平衡不能采用消极的办法来实现，而要采用积极的办法解决收支中存在的矛盾。要做到收支平衡，首先，要开源节流，增收节支。节支是要节约那些应该压缩、可以压缩的费用，而对那些在创收上有决定作用的支出则必须全力保证；增收是要增加那些能带来较高经济效益的营业收入，至于拼设备、拼人力，不惜工本、不顾质量而一味地追求暂时收入的做法则是不可取的。其次，在发达的金融市场条件下，还应当通过短期筹资和投资来调剂资金的余缺。在一定时期内，资金入不敷出时，应及时采取办理借款、发行短期债券等方式融通资金；而当资金收入比较充裕时，则可适时归还债务，进行短期证券投资。总之，在组织资金收支平衡问题上，既要量入为出，根据现有的财力来安排各项开支，又要量出为入，对于关键性的生产经营支出要开辟财源，积极予以支持。只有这样，才能取得理想的经济效益。收支积极平衡原则不仅适用于现金收支计划的编制，而且对证券投资决策、筹资决策等也都具有重要的指导意义。

3. 成本效益原则

在企业财务管理中，既要关心资金的存量和流量，也要关心资金的增量。企业资金的增量即资金的增值额，是由营业利润或投资收益形成的。因此，对于形成资金增量的成本与收益这两方面的因素必须认真地进行分析和权衡。成本效益原则就是要对经济活动中的所费与所得进行分析比较，对经济行为的得失进行衡量，使成本与收益形成最优的结合，以获取最多的盈利。

讲求经济效益，要求以尽可能少的劳动垫支和劳动消耗，创造出尽可能多和尽可能好的劳动成果，以满足社会不断增长的物质和文化生活需要。在社会主义市场经济条件下，这种劳动占用、劳动消耗和劳动成果的计算与比较，是通过以货币表现的财务指标来进行的。从总体上来看，劳动占用和劳动消耗的货币表现是资金占用和成本费用，劳动成果的货币表现是营业收入和利润。所以，实行成本效益原则，能够提高企业经济效益，使投资者权益最大化，这是由企业的理财目标决定的。

企业在筹资活动中，有资金成本率和息税前资金利润率的对比分析问题；在投资决策中，有投资额与各期投资收益额的对比分析问题；在日常经营活动中，有营业成本与营业收入的对比分析问题；其他如劳务供应、设备修理、材料采购、人员培训等，无不存在经济得失的对比分析问题。企业的一切成本、费用的发生，最终都是为了取得收益，都可以联系相应的收益进行比较。进行各方面的财务决策时，都应当按成本效益原则做出周密的分析。成本效益原则作为一种价值判断原则，在财务管理中具有广泛的应用价值。

4. 收益风险均衡原则

在市场经济的激烈竞争中，进行财务活动不可避免地要遇到风险。财务活动中的风险是指获得预期财务成果的不确定性。企业要想获得收益，就不能回避风险，可以说风险中包含收益，挑战中存在机遇。企业进行财务管理不能只顾追求收益，不考虑发生损失的可能。收益风险均衡原则，要求企业对每一项财务活动要全面分析其收益性和安全性，按照收益和风险适当均衡的要求来决定采取何种行动方案，在实践中趋利避害，提高收益。

在财务活动中，低风险只能获得低收益，高风险则往往可能获得高收益。例如：在流动资产管理方面，持有较多的现金，可以提高企业偿债能力，减少债务风险，但是银行存款的利息很低，而库存现金则完全没有收益；在筹资方面，发行债券与发行股票相比，由于利息率固定且利息可在成本费用中列支，对企业留用利润影响较小，可以提高自有资金的利润率，但是企业要按期还本付息，需承担较大的风险。无论是对投资者还是对受资者来说，都要求收益与风险相适应，风险越大，则要求的收益越高。只是不同的经营者对风险的态度有所不同，有人宁愿收益少一点而不愿冒较大的风险，有人则甘愿冒较大的风险以谋求巨额利润。无论市场的状况是繁荣还是衰落，无论人们的心理状态是稳健还是进取，都应当对决策项目的风险和收益做出全面的分析和权衡，以便选择最有利的方案。特别是要注意把风险大、收益高的项目同风险小、收益低的项目适当地搭配起来，分散风险，使风险与收益平衡，做到既降低风险又能得到较高的收益。还要尽可能地回避风险，化风险为机遇，在危机中找对策，以提高企业的经济效益。

5. 分级分权管理原则

在规模较大的现代化企业中，对财务活动必须实行分级分权管理。所谓分级分权管理，就是在企业总部统一领导的前提下，合理地安排各级单位和各职能部门的权责关系，充分调动各级各部门的积极性。统一领导下的分级分权管理，是民主集中制在财务管理中的具体运用。

以工业企业为例，企业通常分为厂部、车间、班组三级，厂部和车间设立若干职能机构或职能人员。在财务管理上实行统一领导、分级分权管理，就是要按照管理物资同管理资金相结合、使用资金同管理资金相结合、管理责任同管理权限相结合的要求，合理地安排企业内部各单位在资金、成本、收入等管理上的权责关系。厂部是企业行政工作的指挥中心，企业财务管理的主要权力集中在厂级。同时，要对车间、班级、仓库、生活福利等单位给予一定的权限，建立财务分级管理责任制。企业的各项财务指标要逐级分解落实到各级单位，各级单位要核算其直接费用、资金占用等财务指标，定期进行考核，对经济效益好的单位给予物质奖励。财务部门是组织和推动全厂财务管理工作的主管部门，而供产销等部门则直接负责组织各项生产经营活动，使用各项资金和物资，发生各项生产耗费，参与创造和实现生产成果。要在加强财务部门集中管理的同时，实行各职能部门的分口管理，按其业务范围规定财务管理的职责和权限，核定指标，定期进行考核。这样，就可以调动各级各部门管理财务活动的积极性。

统一领导下的分级分权管理，包含专业管理和群众管理相结合的要求。企业财务部门是专职财务管理部门，而供产销等部门的管理则带有群众管理的性质。通常在厂部、车间两级设有专职财务人员，而班组、仓库则由广大工人直接参加财务管理。统一领导下的分级分权管理，从某种意义来说，也就是在财务管理中实行民主管理。

6. 利益关系协调原则

企业财务管理要组织资金，因而同各方面的经济利益有非常密切的关系。实行利益关系协调原则，就是在财务管理中应当利用经济手段协调国家、投资者、债权人、购销客户、经营者、劳动者、企业内部各部门各单位的经济利益关系，维护有关各方的合法权益。有关各方利益关系的协调，是理财目标顺利实现的必不可少的条件。

企业内部和外部经济利益的调整在很大程度上都是通过财务活动来实现的。企业对投资者要做到资本保全，并合理地安排红利分配与盈余公积提取的关系，在各种投资者之间合理分配红利；对债权人要按期还本付息；企业与企业之间要实行等价交换原则，并且通过折扣和罚金、赔款等形式来促使各方认真履行经济合同，维护各方的物质利益；在企业内部，厂部对于生产经营经济效果好的车间、科室给予必要的物质奖励，并且运用各种结算手段划清各单位的经济责任和经济利益；在职工之间实行按劳分配原则，把职工的收入和劳动成果联系起来，所有这些都要通过财务管理来实现。在财务管理中，应当正确运用价格、股利、利息、奖金、罚款等经济手段，启动激励机制和约束机制，合理补偿，奖优罚劣，处理好各方面的经济利益关系，以保障企业生产经营顺利、高效地运行。处理各种经济利益关系时，要遵守国家法律，认真执行政策，保障有关各方应得的利益，防止搞优质不优价、同股不同利之类的不正当做法。

在经济生活中，个人利益和集体利益、局部利益和全局利益、眼前利益和长远利益也会发生矛盾，而这些矛盾往往是不可能完全靠经济利益的调节来解决的。在处理物质利益关系的时候，一定要提倡全局利益，防止本位主义、极端个人主义。

（二）企业的社会责任

1. 对员工的责任

企业除了向员工支付报酬的法律责任外，还负有为员工提供安全的工作环境、职业教育等保障员工利益的责任。按《中华人民共和国公司法》的规定，企业对员工承担的社会责任有以下四方面：

①按时足额发放劳动报酬，并根据社会发展逐步提高工资水平。

②提供安全健康的工作环境，加强劳动保护，实现安全生产，积极预防职业病。

③建立公司职工的职业教育和岗位培训制度，不断提高职工的素质和能力。

④完善工会、职工董事和职工监事制度，培育良好的企业文化。

2. 对债权人的责任

债权人是企业的重要利益相关者。企业应依据合同的约定以及法律的规定对债权人承担相应的义务，保障债权人合法权益。这种义务既是公司的民事义务，也可视为公司应承担的社会责任。公司对债权人承担的社会责任主要有以下四个方面：

①按照法律、法规和公司章程的规定，真实、准确、完整、及时地披露公司信息。

②诚实守信，不滥用公司人格。

③主动偿债，不无故拖欠。

④确保交易安全，切实履行合法订立的合同。

3. 对消费者的责任

公司的价值实现，很大程度上取决于消费者的选择，企业理应重视对消费者承担的社会责任。企业对消费者承担的社会责任主要有以下三个方面：

①确保产品质量，保障消费安全。

②诚实守信，确保消费者的知情权。

③提供完善的售后服务，及时为消费者排忧解难。

4. 对社会公益的责任

企业对社会公益的责任主要涉及慈善、社区等。企业对慈善事业的社会责任是指承担扶贫济困和发展慈善事业的责任，表现为企业对不确定的社会群体（尤指弱势群体）进行帮助。捐赠是其最主要的表现形式，受捐赠的对象主要有社会福利院、医疗服务机构、教育事业、贫困地区、特殊困难人群等。此外，还包括招聘残疾人、生活困难的人、缺乏就业竞争力的人到企业工作，以及举办与公司营业范围有关的各种公益性的社会教育宣传活动等。

5. 对环境和资源的责任

企业对环境和资源的社会责任可以概括为两大方面：一是承担可持续发展与节约资源的责任；二是承担保护环境和维护自然和谐的责任。

此外，企业还有义务和责任遵从政府的管理、接受政府的监督。企业要在政府的指引下合法经营、自觉履行法律规定的义务，同时尽可能地为政府献计献策、分担社会压力、支持政府的各项事业。

第二节　财务管理环节、体制与环境

一、财务管理环节

（一）计划与预算

1. 财务预测

财务预测是根据企业财务活动的历史资料，考虑现实的要求和条件，对企业未来的财务活动做出较为具体的预计和测算的过程。财务预测可以测算各项生产经营方案的经济效益，为决策提供可靠的依据；可以预测财务收支的发展变化情况，以确定经营目标；可以测算各项定额和标准，为编制计划、分解计划指标服务。

财务预测的方法主要有定性预测和定量预测两类。定性预测法，主要是利用直观材料，依靠个人的主观判断和综合分析能力，对事物未来的状况和趋势做出预测的一种方法；定量预测法，主要是根据变量之间存在的数量关系建立数学模型来进行预测的方法。

2. 财务计划

财务计划是根据企业整体战略目标和规划，结合财务预测的结果，对财务活动进行规划，并以指标形式落实到每一计划期间的过程。财务计划主要通过指标和表格，以货币形式反映在一定的计划期内企业生产经营活动所需要的资金及其来源、财务收入和支出、财务成果及其分配的情况。

确定财务计划指标的方法一般有平衡法、因素法、比例法和定额法等。

3. 财务预算

财务预算是根据财务战略、财务计划和各种预测信息，确定预算期内各种预算指标的过程。它是财务战略的具体化，是财务计划的分解和落实。

财务预算的方法通常包括固定预算与弹性预算、增量预算与零基预算、定期预算和滚动预算等。

（二）决策与控制

1. 财务决策

财务决策是指按照财务战略目标的总体要求，利用专门的方法对各种备选方案进行比较和分析，从中选出最佳方案的过程。财务决策是财务管理的核心，决策的成功与否直接关系到企业的兴衰成败。

财务决策的方法主要有两类：一类是经验判断法，是根据决策者的经验来判断选择，常用的方法有淘汰法、排队法、归类法等；另一类是定量分析方法，常用的方法有优选对比法、数学微分法、线性规划法、概率决策法等。

2. 财务控制

财务控制是指利用有关信息和特定手段，对企业的财务活动施加影响或调节，以便实现计划所规定的财务目标的过程。

财务控制的方法通常有前馈控制、过程控制、反馈控制三种。

（三）分析与考核

1. 财务分析

财务分析是指根据企业财务报表等信息资料，采用专门方法，系统分析和评价企业财务状况、经营成果以及未来趋势的过程。

财务分析的方法通常有比较分析、比率分析、综合分析等。

2. 财务考核

财务考核是指将报告期实际完成数与规定的考核指标进行对比，确定有关责任单位和个人完成任务的过程。财务考核与奖惩紧密联系，是贯彻责任制原则的要求，也是构建激励与约束机制的关键环节。

二、财务管理体制

（一）企业财务管理体制的一般模式

企业财务管理体制概括地说，可分为以下三种类型。

1. 集权型财务管理体制

集权型财务管理体制是指企业对各所属单位的所有财务管理决策都集中统一进行，各所属单位没有财务决策权，企业总部财务部门不但参与决策和执行决策，在特定情况下还直接参与各所属单位的执行过程。

集权型财务管理体制下企业内部的主要管理权限集中于企业总部，各所属单位执行企业总部的各项指令。它的优点在于：企业内部的各项决策均由企业总部制定和部署，企业内部可充分展现其一体化管理的优势，利用企业的人才、智力、信息资源，努力降低资金成本和风险损失，使决策的统一化、制度化得到有力的保障。采用集权型财务管理体制，有利于在整个企业内部优化配置资源，有利于实行内部调拨价格，有利于内部采取避税措施及防范汇率风险等。它的缺点是：集权过度会使各所属单位缺乏主动性、积极性，丧失活力，也可能因为决策程序相对复杂而失去适应市场的弹性，丧失市场机会。

2. 分权型财务管理体制

分权型财务管理体制是指企业将财务决策权与管理权完全下放到各所属单位，各所属单位只需对一些决策结果报请企业总部备案即可。

分权型财务管理体制下企业内部的管理权限分散于各所属单位，各所属单位在人、财、物、供、产、销等方面有决定权。它的优点是：由于各所属单位负责人有权对影响经营成果的因素进行控制，加之身在基层，了解情况，有利于针对本单位存在的问题及时做出有效决策，因地制宜地搞好各项业务，也有利于分散经营风险，促进所属单位管理人员和财务人员的成长。

3. 集权与分权相结合型财务管理体制

集权与分权相结合型财务管理体制，其实质就是集权下的分权，企业对各所属单位在所有重大问题的决策与处理上实行高度集权，各所属单位则对日常经营活动具有较大的自主权。

集权与分权相结合型财务管理体制意在以企业发展战略和经营目标为核心，将企业内重大决策权集中于企业总部，而赋予各所属单位自主经营权。其主要特点有以下三点：

①在制度上，企业内应制定统一的内部管理制度，明确财务权限及收益分配方法，各所属单位应遵照执行，并根据自身的特点加以补充。

②在管理上，利用企业的各项优势，对部分权限集中管理。

③在经营上，充分调动各所属单位的生产经营积极性。各所属单位围绕企业发展战略和经营目标，在遵守企业统一制度的前提下，可自主制定生产经营的各项决策。为避免配合失误，明确责任，凡需要由企业总部决定的事项，在规定时间内，企业总部应明确答复，否则，各所属单位有权自行处置。

正因为具有以上特点，集权与分权相结合型的财务管理体制，吸收了集权型和分权型财务管理体制各自的优点，避免了两者各自的缺点，从而具有较大的优越性。

（二）集权与分权的选择

企业的财务特征决定了分权的必然性，而企业的规模效益、风险防范又要求集权。集权和分权各有特点、各有利弊。对集权与分权的选择、分权程度的把握历来是企业管理的一个难点。

从聚合资源优势、贯彻实施企业发展战略和经营目标的角度，集权型财务管理体制显然是最具保障力的。但是，企业意欲采用集权型财务管理体制，除了企业管理高层必须具备高度的素质能力外，在企业内部还必须有一个能及时、准确地传递信息的网络系统，并通过信息传递过程的严格控制以保障信息的质量。如果这些要求能够达到的话，集权型财务管理体制的优势便有了充分发挥的可能性。但与此同时，信息传递及过程控制有关的成本问题也会随之产生。此外，随着集权程度的提高，集权型财务管理体制的复合优势可能会不断强化，但各所属单位或组织机构的积极性、创造性与应变能力却可能在不断削弱。

分权型财务管理体制实质上是把决策管理权在不同程度上下放到比较接近信息源的各所属单位或组织机构，这样便可以在相当程度上缩短信息传递的时间，减小信息传递过程中的控制问题，从而使信息传递与过程控制等的相关成本得以节约，并能大大提高信息的决策价值与利用效率。但随着权力的分散，就会产生企业管理目标换位问题，这是采用分权型财务管理体制通常无法完全避免的一种成本或代价。集权型或分权型财务管理体制的选择，本质上体现着企业的管理决策，是企业基于环境约束与发展战略考虑顺势而定的权变性策略。

依托环境预期与战略发展规划，要求企业总部必须根据企业的不同类型、发展的不同阶段以及不同阶段的战略目标取向等因素，对不同财务管理体制及其权力的层次结构做出相应的选择与安排。

财务决策权的集中与分散没有固定的模式，同时选择的模式也不是一成不变的。财务管理体制的集权与分权，需要考虑企业与各所属单位之间的资本关系和业务关系的具体特征，以及集权与分权的"成本"和"利益"。作为实体的企业，各所属单位之间往往具有某种业务上的联系，特别是那些实施纵向一体化战略的企业，要求各所属单位保持密切的业务联系。各所属单位之间业务联系越密切，就越有必要采用相对集中的财务管理体制；反之，则相反。如果说各所属单位之间业务联系的必要程度是企业有无必要实施相对集中的财务管理体制的一个基本因素，那么企业与各所属单位之间的资本关系特征则是企业能否采取相对集中的财务管理体制的一个基本条件。只有当企业掌握了各所属单位一定比例有表决权的股份（如50%以上）之后，企业才有可能通过指派较多董事去有效地影响各所属单位的财务决策，也只有这样，各所属单位的财务决策才有可能相对"集中"于企业总部。

事实上，考虑财务管理体制的集中与分散，除了受制于以上两点外，还取决于集中与分散的"成本"和"利益"差异。集中的"成本"主要是各所属单位积极性的损失和财务决策效率的下降；分散的"成本"主要是可能发生的各所属单位财务决策目标及财务行为与企业整体财务目标的背离，以及财务资源利用效率的下降。集中的"利益"主要是容易使企业财务目标协调和提高财务资源的利用效率；分散的"利益"主要是提高财务决策效率和调动各所属单位的积极性。

此外，集权和分权应该考虑的因素还包括环境、规模和管理者的管理水平。由管理者的素质、管理方法和管理手段等因素所决定的企业及各所属单位的管理水平，对财权的集中和分散也具有重要影响。较高的管理水平，有助于企业更多地集中财权，否则，财权过于集中只会导致决策效率的低下。

（三）企业财务管理体制的设计原则

一个企业如何选择适应自身需要的财务管理体制，如何在不同的发展阶段更新财务管理模式，在企业管理中占据重要地位。从企业的角度出发，其财务管理体制的设定或变更应当遵循如下四项原则。

1. 与现代企业制度的要求相适应的原则

现代企业制度是一种产权制度，是以产权为依托，对各种经济主体在产权关系中的权利、责任、义务进行合理、有效的组织、调节的制度安排，它具有"产权清晰、责任明确、政企分开、管理科学"的特征。

企业内部相互间关系的处理应以产权制度安排为基本依据。企业作为各所属单位的股东，根据产权关系享有作为终极股东的基本权利，特别是对所属单位的收益权、管理者的选择权、重大事项的决策权等，但是，企业各所属单位往往不是企业的分支机构或分公司，其经营权是其行使民事责任的基本保障，它以自己的经营与资产对其盈亏负责。

企业与各所属单位之间的产权关系确认了两个不同主体的存在，这是现代企业制度特别是现代企业产权制度的根本要求。在西方，在处理母子公司关系时，法律明确要求保护子公司权益，其制度安排大致如下：①确定与规定董事的诚信义务与法律责任，实现对子公司的保护；②保护子公司不受母公司不利指示的损害，从而保护子公司权益；③规定子公司有权向母公司起诉，从而保护自身利益与权利。

按照现代企业制度的要求，企业财务管理体制必须以产权管理为核心、以财务管理为主线、以财务制度为依据，体现现代企业制度特别是现代企业产权制度管理的思想。

2. 明确企业对各所属单位管理中的决策权、执行权与监督权三者分立原则

现代企业要做到管理科学，必须首先要求从决策与管理程序上做到科学、民主，因此，决策权、执行权与监督权三权分立的制度必不可少。这一管理原则的作用就在于加强决策的科学性与民主性、强化决策执行的刚性和可考核性、强化监督的独立性和公正性，从而形成良性循环。

3. 明确财务综合管理和分层管理思想的原则

现代企业制度要求管理是一种综合管理、战略管理，因此，企业财务管理不是也不可能是企业总部财务部门的财务管理，当然也不是各所属单位财务部门的财务管理，它是一种战略管理。这种管理要求：①从企业整体角度对企业的财务战略进行定位；②对企业的财务管理行为进行统一规范，做到高层的决策结果能被低层战略经营单位完全执行；③以制度管理代替个人的行为管理，从而保证企业管理的连续性；④以现代企业财务分层管理思想指导具体的管理实践（股东大会、董事会、经理人员、财务经理及财务部门各自的管理内容与管理体系）。

4. 与企业组织体制相对应的原则

企业组织体制大体上有 U 型组织、H 型组织和 M 型组织三种形式。U 型组织仅存在于产品简单、规模较小的企业，实行管理层级的集中控制；H 型组织实质上是企业集团的组织形式，子公司具有法人资格，分公司则是相对独立的利润中心。由于在竞争日益激烈的市场环境中不能显示其长期效益和整体活力，因此在 20 世纪 70 年代后它在大型企业的主导地位逐渐被 M 型结构所代替。M 型结构由三个相互关联的层次组成。第一个层次是由董事会和经理班子组成的总部，它是企业的最高决策层。它既不同于 U 型结构那样直接从事各所属单位的日常管理，又不同于 H 型结构那样基本上是一个空壳。它的主要职能是战略规划和关系协调。第二个层次是由职能部门和支持、服务部门组成的。其中计划部是公司战略研究和执行部门，它应向企业总部提供经营战略的选择和相应配套政策的方案，指导各所属单位根据企业的整体战略制订中长期规划和年度的业务计划。M 型结构的财务是中央控制的，负责整个企业的资金筹措、运作和税务安排。第三个层次是围绕企业的主导或核心业务，互相依存又相互独立的各所属单位，每个所属单位又是一个 U 型结构。可见，M 型结构集权程度较高，突出整体优化，具有较强的战略研究、实施功能和内部关系协调能力。它是目前国际上大的企业管

理体制的主流形式。M 型的具体形式有事业部制、矩阵制、多维结构等。

M 型组织中，在业务经营管理下放权限的同时，更加强化财务部门的职能作用。事实上，西方多数控股型公司，在总部不对其子公司的经营过分干预的情况下，其财务部门的职能更为重要，它起到指挥资本运营的作用。有资料表明，英国的控股型公司，财务部门的人数占到管理总部人员的 60%~70%，而且主管财务的副总裁在公司中起着核心作用。一方面，他是母子公司的"外交部部长"，行使对外处理财务事务的职能；另一方面，他又是各子公司的财务主管，各子公司的财务主管是"外交部部长"的派出人员，充当"外交部部长"的当地代言人角色。

（四）集权与分权相结合型财务管理体制的一般内容

总结中国企业的实践，集权与分权相结合型财务管理体制的核心内容是企业总部应做到制度统一、资金集中、信息集成和人员委派。具体应集中筹资、融资权，投资权，用资、担保权，固定资产购置权，财务机构设置权，收益分配权；分散经营自主权、人员管理权、业务定价权、费用开支审批权。

1. 集中筹资、融资权

资金筹集是企业资金运动的起点，为了使企业内部筹资风险最小，筹资成本最低，应由企业总部统一筹集资金，各所属单位有偿使用。如需银行贷款，可由企业总部办理贷款总额，各所属单位分别办理贷款手续，按规定自行付息；如需发行短期商业票据，企业总部应充分考虑企业资金占用情况，并注意到期日存足款项，不要因为票据到期不能兑现而影响企业信誉；如需利用海外兵团筹集外资，应统一由企业总部根据国家现行政策办理相关手续，并严格审查贷款合同条款，注意汇率及利率变动因素，防止出现损失。企业总部对各所属单位进行追踪审查现金使用状况，具体做法是各所属单位按规定时间向企业总部上报现金流量表，动态地描述各所属单位现金增减状况和分析各所属单位资金存量是否合理。遇有部分所属单位资金存量过多，运用不畅，而其他所属单位又急需资金时，企业总部可调动资金，并应支付利息。企业内部应严禁各所属单位之间放贷，如需临时拆借资金，在规定金额之上的，应报企业总部批准。

2. 集中投资权

企业对外投资必须遵守的原则为效益型、分散风险性、安全性、整体性及合理性。无论企业总部还是各所属单位的对外投资都必须经过立项、可行性研究、论证、决策的过程，其间除专业人员外，必须有财务人员参加。财务人员应会同有关专业人员，通过仔细调查了解，开展可行性分析，预测今后若干年内市场变化趋势及可能发生风险的概率、投资该项目的建设期、投资回收期、投资回报率等，写出财务报告，报送领导参考。

为了保证投资效益实现，分散及减少投资风险，企业对外投资可实行限额管理，超过限额的投资其决策权属企业总部。被投资项目一经批准确立，财务部门应协助有关部门对项目进行跟踪管理，对出现的与可行性报告的偏差，应及时报有关部门予以纠正。对投资收益不能达到预期目的的项目应及时清理解决，并应追究有关人员的责任。同时应完善投资管理，企业可根据自身特点建立一套具有可操作性的财务考核指标体系，规避财务风险。

3. 集中用资、担保权

企业总部应加强资金使用安全性的管理，对大额资金拨付要严格监督，建立审批手续，并严格执行。这是因为各所属单位财务状况的好坏关系到企业所投资本的保值和增值问题，同时各所属单位因资金受阻导致获利能力下降，会降低企业的投资回报率。因此，各所属单位用于经营项目的资金，要按照经营规划范围使用，用于资本项目上的资金支付，应履行企业规定的报批手续。

担保不慎会引起信用风险。企业对外担保权应归企业总部管理，未经批准，各所属单位不得为外企业提供担保，企业内部各所属单位相互担保，应经企业总部同意。同时企业总部为各所属单位提供担保应制定相应的审批程序，可由各所属单位与银行签订贷款协议，企业总部为各所属单位做贷款担保，同时要求各所属单位向企业总部提供"反担保"，保证资金的使用合理及按时归还，使贷款得到监控。

同时，企业对逾期未收货款，应做硬性规定。对过去的逾期未收货款，指定专人、统一步调、积极清理，谁经手、谁批准、由谁去收回货款。

4. 集中固定资产购置权

各所属单位需要购置固定资产必须说明理由，提出申请报企业总部审批，经批准后方可购置。各所属单位资金不得自行用于资本性支出。

5. 集中财务机构设置权

各所属单位财务机构设置必须报企业总部批准，财务人员由企业总部统一招聘，财务负责人或财务主管人员由企业总部统一委派。

6. 集中收益分配权

企业内部应统一收益分配制度，各所属单位应客观、真实、及时地反映其财务状况及经营成果。

7. 分散经营自主权

各所属单位负责人主持本企业的生产经营管理工作，组织实施年度经营计划，决定生产和销售，研究和考虑市场周围的环境，了解和注意同行业的经营情况和战略措施，按所规定时间向企业总部汇报生产管理工作情况。对突发的重大事件，要及时向企业总部汇报。

8. 分散人员管理权

各所属单位负责人有权任免下属管理人员，有权决定员工的聘用与辞退，企业总部原则上不应干预，但其财务主管人员的任免应报经企业总部批准或由企业总部统一委派。一般财务人员必须获得"上岗证"，才能从事财会工作。

9. 分散业务定价权

各所属单位所经营的业务均不相同，因此，业务的定价应由各所属单位经营部门自行拟定，但必须遵守加速资金流转，保证经营质量，提高经济效益的原则。

10. 分散费用开支审批权

各所属单位在经营中必然发生各种费用，企业总部没必要进行集中管理，各所属单位在遵守财务制度的原则下，由其负责人批准各种合理的用于企业经营管理的费用开支。

三、财务管理环境

（一）技术环境

在当今时代，技术环境已成为财务管理的核心要素之一。技术的不断进步为财务管理带来了前所未有的机遇和挑战。自动化和智能化技术的应用，使得财务数据分析、预测和决策过程更加高效和精准。例如，通过机器学习算法，企业能够处理和分析大量复杂的财务数据，从而揭示潜在的趋势和模式，为管理层提供更深入的业务洞察。数字化转型正推动着财务管理向更高层次发展。云计算技术使得财务数据的存储和访问更加灵活和安全，同时降低了企业的 IT 成本。区块链技术为财务交易提供了更高的透明度和安全性，尤其是在审计和合规方面，确保了交易记录的不可篡改性。这些技术的应用不仅优化了财务管理流程，还为企业提供了新的业务模式和价值创造途径。信息技术的快速发展极大地提升了财务管理的效率和效果。财务软件和应用程序的广泛使用，使得账目处理、财务报告编制等工作自动化，大大减少了人工操作的错误和时间成本。同时，先进的信息技术还支持了远程办公和协作，这对于分散在不同地理位置的财务团队来说尤为重要。此外，信息技术还为财务决策提供了强大的数据支持和工具，帮助企业在复杂多变的市场环境中做出更明智的决策。技术环境的演变对财务人员的专业能力提出了新的要求。现代财务人员不仅需要掌握传统的财务管理知识，还应具备一定的技术素养，如数据分析能力、对新兴技术的理解和应用能力。这意味着财务人员需要不断学习和适应新的技术工具和方法，以保持其在职业领域的竞争力。企业也需要重视财务团队的技术培训和发展，确保他们能够充分利用技术环境的优势，为企业的财务管理和战略规划做出贡献。

（二）经济环境

在影响财务管理的各种外部环境中，经济环境是最为重要的。

经济环境内容十分广泛，包括经济体制、经济周期、经济发展水平、宏观经济政策及社会通货膨胀水平等。

1. 经济体制

在计划经济体制下，国家统筹企业资本、统一投资、统负盈亏，企业利润统一上缴、亏损全部由国家补贴，企业虽然是一个独立的核算单位，但无独立的理财权力。财务管理活动的内容比较单一，财务管理方法比较简单。在市场经济体制下，企业成为"自主经营、自负盈亏"的经济实体，有独立的经营权，同时也有独立的理财权。企业可以从其自身需要出发，合理确定资本需要量，然后到市场上筹集资本，再把筹集到的资本投放到高效益的项目上获取更大的收益，最后将收益根据需要和可能进行分配，保证企业财务活动自始至终根据自身条件和外部环境做出各种财务管理决策并组织实施。因此，财务管理活动的内容比较丰富，方法也复杂多样。

2. 经济周期

市场经济条件下，经济发展与运行带有一定的波动性。大体上经历复苏、繁荣、衰退和萧条几个阶段的循环，这种循环叫作经济周期。在不同的经济周期，企业应采用不同的财务管理战略。

3. 经济发展水平

财务管理的发展水平是和经济发展水平密切相关的，经济发展水平越高，财务管理水平也越好。财务管理水平的提高，将推动企业降低成本、改进效率、提高效益，从而促进经济发展水平的提高；而经济发展水平的提高，将改变企业的财务战略、财务理念、财务管理模式和财务管理的方法手段，从而促进企业财务管理水平的提高。财务管理应当以经济发展水平为基础，以宏观经济发展目标为导向，从业务工作角度保证企业经营目标和经营战略的实现。

4. 宏观经济政策

我国经济体制改革的目标是建立社会主义市场经济体制，以进一步解放和发展生产力。在这个目标的指导下，我国已经并正在进行财税体制、金融体制、外汇体制、外贸体制、计划体制、价格体制、投资体制、社会保障制度等各项改革。所有这些改革措施，深刻地影响着我国的经济生活，也深刻地影响着我国企业的发展和财务活动的运行。如金融政策中的货币发行量、信贷规模会影响企业投资的资金来源和投资的预期收益；财税政策会影响企业的资金结构和投资项目的选择等；价格政策会影响资金的投向和投资的回收期及预期收益；会计制度的改革会影响会计要素的确认和计量，进而对企业财务活动的事前预测、决策及事后的评价产生影响；等等。

5. 通货膨胀水平

通货膨胀对企业财务活动的影响是多方面的。主要表现在以下五方面：

①引起资金占用的大量增加，从而增加企业的资金需求。

②引起企业利润虚增，造成企业资金由于利润分配而流失。

③引起利润上升，加大企业的权益资金成本。

④引起有价证券价格下降，增加企业的筹资难度。

⑤引起资金供应紧张，增加企业的筹资困难。

为了减轻通货膨胀对企业造成的不利影响，企业应当采取措施予以防范。在通货膨胀初期，货币面临着贬值的风险，这时企业进行投资可以避免风险，实现资本保值；与客户应签订长期购货合同，以减少物价上涨造成的损失；取得长期负债，保持资本成本的稳定。在通货膨胀持续期，企业可以采用比较严格的信用条件，减少企业债权；调整财务政策，防止和减少企业资本流失；等等。

（三）金融环境

1. 金融机构、金融工具与金融市场

金融机构主要是指银行和非银行金融机构。银行是指经营存款、放款、汇兑、储蓄等金融业务，承担信用中介的金融机构，包括各种商业银行和政策性银行，如中国工商银行、中国农业银行、中国银行、中国建设银行、国家开发银行、中国农业发展银行。非银行金融机构主要包括保险公司、信托投资公司、证券公司、财务公司、金融资产管理公司、金融租赁公司等机构。

金融工具是指融通资金双方在金融市场上进行资金交易、转让的工具，借助金融工具，资金从供给方转移到需求方。金融工具分为基本金融工具和衍生金融工具两大类。常见的基本金融工具有货币、票据、债券、期货等；衍生金融工具又称派生金融工具，是在基本金融工具的基础上通过特定技术设计形成的新的融资工具，如各种远期合约、互换、掉期、资产支持证券等，种类非常复杂、繁多，具有高风险、高杠杆效应的特点。

金融市场是指资金供应者和资金需求者双方通过一定的金融工具进行交易而融通资金的场所。金融市场的构成要素包括资金供应者和资金需求者、金融工具、交易价格、组织方式等。金融市场为企业融资和投资提供了场所，可以帮助企业实现长短期资金转换、引导资本流向和流量，提高资本效率。

2. 金融市场的分类

金融市场可以按照不同的标准进行分类。

（1）货币市场和资本市场

以期限为标准，金融市场可分为货币市场和资本市场。货币市场又称短期金融市场，是指以期限在1年以内的金融工具为媒介，进行短期资金融通的市场，包括同业拆借市场、票据市场、大额定期存单市场和短期债券市场；资本市场又称长期金融市场，是指以期限在1年以上的金融工具为媒介，进行长期资金交易活动的市场，包括股票市场和债券市场。

（2）发行市场和流通市场

以功能为标准，金融市场可分为发行市场和流通市场。发行市场又称为一级市场，它主要处理金融工具的发行与最初购买者之间的交易；流通市场又称为二级市场，它主要处理现有金融工具转让和变现的交易。

（3）资本市场、外汇市场和黄金市场

以融资对象为标准，金融市场可分为资本市场、外汇市场和黄金市场。资本市场以货币和资本为交易对象；外汇市场以各种外汇金融工具为交易对象；黄金市场则是集中进行黄金买卖和金币兑换的交易市场。

（4）基础性金融市场和金融衍生品市场

按所交易金融工具的属性，金融市场可分为基础性金融市场与金融衍生品市场。基础性金融市场是指以基础性金融产品为交易对象的金融市场，如商业票据、企业债券、企业股票的交易市场；金融衍生品交易市场是指以金融衍生品为交易对象的金融市场，如远期、期货、掉期（交换）、期权，以及具有远期、期货、掉期（交换）、期权中一种或多种特征的结构化金融工具的交易市场。

（5）地方性金融市场、全国性金融市场和国际性金融市场

以地理范围为标准，金融市场可分为地方性金融市场、全国性金融市场和国际性金融市场。

3. 货币市场

货币市场的主要功能是调节短期资金融通。其主要特点是：①期限短。一般为3~6个月，最长不超过1年。②交易目的是解决短期资金周转。它的资金来源主要是资金所有者暂时闲置的资金，融通资金的用途一般是弥补短期资金的不足。③金融工具有较强的"货币性"，具有流动性强、价格平稳、风险较小等特性。

货币市场主要有拆借市场、票据市场、大额定期存单市场和短期债券市场等。拆借市场是指银行（包括非银行金融机构）同业之间短期性资本的借贷活动。这种交易一般没有固定的场所，主要通过电信手段成交，期限按日计算，一般不超过一个月。票据市场包括票据承兑市场和票据贴现市场。票据承兑市场是票据流通转让的基础；票据贴现市场是对未到期票据进行贴现，为客户提供短期资本融通，包括贴现、再贴现和转贴现。大额定期存单市场是一种买卖银行发行的可转让大额定期存单的市场。短期债券市场主要买卖1年期以内的短期企业债券和政府债券，尤其是政府的国库券交易。短期债券的转让可以通过贴现或买卖的方式进行。短期债券以其信誉好、期限短、利率优惠等优点，成为货币市场中的重要金融工具之一。

4. 资本市场

资本市场的主要功能是实现长期资本融通。其主要特点是：①融资期限长。至少1年以上，最长可达10年甚至10年以上。②融资目的是解决长期投资性资本的需要，用于补充长期资本，扩大生产能力。③资本借贷量大。④收益较高但风险也较大。

资本市场主要包括债券市场、股票市场和融资租赁市场等。

债券市场和股票市场由证券（债券和股票）发行和证券流通构成。有价证券的发行是一项复杂的金融活动，一般要经过以下三个重要环节：①证券种类的选择；②偿还期限的确定；③发售方式的选择。在证券流通中，参与者除了买卖双方外，中介非常活跃。这些中介主要有证券经纪人、证券商，他们在流通市场中起着不同的作用。

融资租赁市场是通过资产租赁实现长期资金融通的市场，它具有融资与融物相结合的特点，融资期限一般与资产租赁期限一致。

（四）企业组织形式

典型的企业组织形式有三种：个人独资企业、合伙企业以及公司制企业。

1. 个人独资企业

个人独资企业是由一个自然人投资，全部资产为投资人个人所有，全部债务由投资者个人承担的经营实体。

个人独资企业具有创立容易、经营管理灵活自由、不需要缴纳企业所得税等优点。

但对于个人独资企业业主而言：①需要业主对企业债务承担无限责任，当企业的损失超过业主最初对企业的投资时，需要用业主个人的其他财产偿债；②难以从外部获得大量资金用于经营；③个人独资企业所有权的转移比较困难；④企业的生命有限，将随着业主的死亡而自动消亡。

2. 合伙企业

合伙企业是由两个或两个以上的自然人合伙经营的企业，通常由各合伙人订立合伙协议、共同出资、合伙经营、共享收益、共担风险，并对合伙债务承担无限连带责任的营利性组织。

除业主不止一人外，合伙企业的优点和缺点与个人独资企业类似。此外，合伙企业法规定每个合伙人对企业债务须承担无限连带责任。如果一个合伙人没有能力偿还其应分担的债务，其他合伙人须承担连带责任，即有责任替其偿还债务。法律还规定合伙人转让其所有权时需要取得其他合伙人的同意，有时甚至还需要修改合伙协议。由于合伙企业与个人独资企业存在着共同缺陷，所以一些企业尽管在刚成立时以独资或合伙的形式出现，但是在发展到某一阶段后都将转换成公司的形式。

3. 公司制企业

公司（或称公司制企业）是指由投资人（自然人或法人）依法出资组建，有独立法人财产，自主经营、自负盈亏的法人企业。出资者按出资额对公司承担有限责任。

公司是经政府注册的营利性法人组织，并且独立于所有者和经营者。根据中国现行的公司法，其主要形式分为有限责任公司和股份有限公司两种。

有限责任公司简称有限公司，是指股东以其缴的出资额为限对公司承担责任，公司以其全部资产为限对公司的债务承担责任的企业法人。根据《中华人民共和国公司法》的规定，必须在公司名称中标明"有限责任公司"或者类"有限公司"的字样。

股份有限公司简称股份公司，是指其全部资本分为等额股份，股东以其所持股份为限对公司承担责任，公司以其全部资产对公司的债务承担责任的企业法人。

有限责任公司和股份有限公司的区别有三点。①公司设立时对股东人数要求不同。设立有限责任公司的股东人数可以为 1 人或 50 人以下；设立股份有限公司，应当有 2 人以上 200 人以下为发起人。②股东的股权表现形式不同。有限责任公司的权益总额不做等额划分，股东的股权是通过投资人所拥有的比例来表示的；股份有限公司的权益总额平均划分为相等的股份，股东的股权是用持有多少股份来表示的。③股份转让限制不同。有限责任公司不发行股票，对股东只发放一张出资证明书，股东转让出资需要由股东会或董事会讨论通过；股份有限公司可以发行股票，股票可以自由转让和交易。

公司制企业的优点：①容易转让所有权。公司的所有者权益被划分为若干股权份额，每个份额可以单独转让。②有限债务责任。公司债务是法人的债务，不是所有者的债务。所有者对公司承担的责任以其出资额为限。当公司资产不足以偿还其所欠债务时，股东无须承担连带清偿责任。③公司制企业可以无限存续，一个公司在最初的所有者和经营者退出后仍然可以继续存在。④公司制企业融资渠道较多，更容易筹集所需资金。

第三节　智慧财务管理

一、智慧财务管理的本质

智慧财务管理，主要是指运用自主性及行动性的智慧型财务管理系统完成财务管理的具体工作。现如今，人们对智能化管理的认知水平不断提高，对智能管理技术的运用能力不断增强，对传统的财务管理方式提出了新的管理理念。智慧财务管理是指组织运用先进的技术手段，如云计算、大数据、区块链、人工智能等，进行财务资源整合，促进业务发展与财务管理深度结合，实现智慧的财务管理。在此基础上，财务管理人员能够将企业运营过程中的价值系统与业务系统进行有效的整合，加强智慧财务管理系统的核心功能。

智慧财务管理的特征主要体现为以下两点：第一，智慧财务管理具有"业财融合"的特征。企业运行过程中的财务管理工作，是一项程序复杂、内容广泛、涉及部门众多的综合管理活动。在智慧财务管理系统的支撑下，将企业内部的各个部门及全部业务有效地联系在一起，提高了企业的综合竞争实力。第二，在智慧财务管理方式下，企业更注重边际价值，强调增量优化。在数学领域中，边际是表示增量化的重要指标，如边际成本、边际价值等。在我国企业传统的财务管理过程中，主要强调在运营过程中提升企业的经济效益，并没有着重强调财务工作的边际价值。在这种情况下，会导致资金成本的增加，而由于大部分企业不具备良好的资金运作能力，在财务管理过程中经常出现一些问题。而利用智慧财务管理方式，相关工作会通过计算机软件来完成，避免了人为操作过程中的失误，提高了企业财务管理的效率。

二、智慧财务管理的优化理念

为了进一步加深对智慧财务管理的理解，可以从优化理念角度对智慧财务管理进行把握。优化理念是对财务管理应用"智慧"的具体表现，可以从财务管理理念、财务管理方式和财务管理技术三个方面进行阐述。

（一）优化财务管理理念

为了发挥智慧财务管理的作用及价值，就必须对智慧财务管理的理念进行准确认识，了解其主要内涵。实际上，在智慧财务管理系统运行过程中，大数据技术的运用，不仅改变了企业运行中的数据收集、传输及处理方式，更改变了人们传统的思维方式及管理方式。从目前经济社会的发展趋势看，互联网公司的出现不仅改变了人们的行为方式，而且使人们对事物的思考方式产生了一定的改变。而企业采用的智慧财务管理理念，就是建立各类"智慧"知识体系的标准及规则。

（二）优化财务管理方式

在转变财务管理理念的基础上，对智慧财务管理的方式进行调整。相关人员应进一步完善智慧财务管理体系，运用各种技术手段完成各项财务管理工作的综合性管理活动。此外，在互联网技术的支撑下，建立网络化的管理系统，完成财务管理工作。智慧财务管理的主体应具备需求识别能力、财务管理能力、财务决策能力。此外，企业智慧财务管理体系应面向经济市场，根据市场中用户的实际需求进行有针对性的管理。而作为智慧财务管理者，应具有较强的社会责任感，并能够结合自身的实际工作能力，准确地定位自己在经济市场中的地位，完善整个管理系统。

（三）优化财务管理技术

智慧财务管理系统的物理系统核心，就是财务云技术。在智慧财务管理体系的运行过程中涉及大量的数据，所以需要以数据为基础支撑财务管理工作。在传统的财务管理过程中，数据的收集、处理等工作主要是通过人工来完成的，这种工作方式的效率较低，且容易在处理数据的过程中产生一些问题。通过智慧财务管理系统的运用，工作人员只须通过简单的操作，便可利用设备软件来完成数据的收集、处理及传输，提高财务管理的工作效率。同时，由于智慧财务管理系统具有大量的智能终端、传感器等装置，能够轻松完成各种类型的财务管理任务，快速收集及整理各项财务数据，并使用相关软件对财务数据进行分析，为财务人员提供有价值的参考。

三、智慧财务管理的实施路径

在企业建立智慧财务管理体系的过程中，应逐渐实现财务自动化管理、资金流动虚拟化管理及风险精准化管理，实现创新的财务管理方式。同时，将企业运营管理中各环节的财务管理工作进行有效的结合，形成完整的财务管理网络，实现企业财务管理信息的集成与共享。并且，在企业建立智能化财务管理架构的过程中，应进一步完善企业的基础设施（包括硬件系统及软件系统），增强财务管理人员对财税、法律及管理等知识的了解，提高其对大数据技术的应用水平。

智慧财务管理系统的构建，需要如大数据、云计算、人工智能、区块链等信息技术的支撑。建立标准化的信息管理体系，是实现智慧财务管理的基础工作。为了保证企业管理者能够及时地了解各类财务信息，应构建统一、智能的数据传输体系，并将财务管理涉及的各方面内容有效地整合到一起。换言之，应先建立标准化的数据云计算系统，再在此基础上建立财务信息标准化管理系统。对于我国的中小型企业来说，建立标准化数据云计算系统需要投入大量的资金，政府部门应给予相应的资金支持，保障当地企业的信息化建设及发展。

上文所说的大数据、云计算、人工智能、区块链等信息技术的应用贯穿于全书，为方便初学者的理解，在此先介绍与之相关的概念与特征。

（一）大数据

大数据是基于互联网技术，对生活中各种各样的信息源进行收集和处理分析、管理和最终处理整合得出来的数据。同时，大数据也是一种高增长率和信息多样化的信息资产。由于计算机技术和互联网技术的运用，获得的数据量远超于统计方法数个数量级，其分析处理需要特殊的技术支持，故大数据也指大数据技术。大数据技术是指大数据的应用技术，涵盖各类大数据平台、大数据指数体系等，如大规模并行处理数据库、数据挖掘、分布式文件系统、分布式数据库、云计算平台、互联网和可扩展的存储系统等。大数据是信息技术发展的必然产物，它利用互联网、计算机等高科技手段，改变社会生产方式。

大数据具有全面性、混杂性、客观概率应用三个特点。第一，大数据的数据具有全面性，可以不依赖于对点数据的采集，而是对所有发生过的事物都进行数据采集。第二，大数据的数据是混杂的，而不是追求精确的，传统的数据统计是由人先提出主观的采集目标，再进行采样，大数据技术是直接统计事物在发展过程中产生的各种数据源，采样对象并没有主观性。大数据关注的是相关性，而非寻找事物中的因果关系。第三，大数据应用中更强调客观概率，而非主观的因素，以免人为强行找因果关系，而忽视随机性事件的系统性风险。

（二）云计算

云计算是分布式计算的一种，指的是通过网络"云"将巨大的数据计算处理程序分解成无数个小程序，然后，通过多部服务器组成的系统处理和分析这些小程序得到结果并返回给用户。云计算早期，简单地说，就是简单的分布式计算，解决任务分发，并进行计算结果的合并。因而，云计算又称为网格计算。通过这项技术，可以在很短的时间内（几秒钟）完成对数以万计的数据的处理，从而达到强大的网络服务。

云计算技术主要具有五个特点。第一，计算容量大。由于云计算技术是建立在互联网基础上的，互联网可以为云计算技术提供大规模的服务器资源和海量存储设备，运算与处理能力非常强大，信息数据容量巨大。第二，灵活性强。互联网为云计算用户营造了一个互联互通的工作环境。云计算用户不仅可以在单位办公，还可以在家庭环境下、手机网络环境下及其他环境下办公，可谓随时随地，极大地提高了办公效率。第三，稳定性高。云计算技术在进行信息数据处理过程中采用的是分布式计算方式。分布式计算方式主要是将计算任务分布到互联网上的计算节点中，与本地计算技术相比稳定性较高。第四，成本低廉。云计算技术与传统的财务信息化建设相比，在软硬件的投入方面相对较少，省去了一定的人力、物力、财力，减少重复投资和浪费，综合成本大大降低。第五，数据泄露风险大。由于互联网是对外开放的，这样难免有一些不法分子利用云计算技术存在的技术漏洞盗取企业信息数据谋取利益，使得用户信息数据泄露可能性增大，风险有所增加。

（三）人工智能

人工智能是模拟、延伸和扩展人的智能理论、方法、技术及应用系统的技术科学，它由机器学习、计算机视觉、数据挖掘、专家系统、自然语言处理、语音处理、知识库系统、神经网络、遗传算法等不同的领域组成，涵盖由机器、系统实现的与人类智能有关的各种行为及思维活动，如判断、推理、证明、识别、感知、理解、设计、思考、规划、学习等。

从不同的角度来看，人工智能有多种不同的特征。从人工智能所实现的功能看，人工智能是智能机器所执行的通常与人类智能有关的功能，如判断、推理、证明、识别学习和问题求解等思维活动；从实用的观点看，人工智能是一门知识工程学，它以知识为对象，研究知识的获取、表示方法和使用；从能力的角度看，人工智能是指用人工的方法在机器（计算机）上实现的智能；从学科的角度看，人工智能是一门研究如何构造智能机器或智能系统，使它能模拟、延伸和扩展人类智能的学科。

（四）区块链

区块链是一种基于共识机制的新型应用模式，可在不同节点间建立信任机制。我们可以把区块链技术的本质内涵进行如下概括：从狭义上来讲，区块链技术是由数据区块依据一定顺序与规律构成的链式结构，可利用数字密码保障技术形成不可随意更改的分布式账本；从广义上来讲，区块链则是以区块链形式组成的数据结构，依托一定技术，如分布式技术、密码学技术、自动化脚本代码等实现数据的计算、分析、存储、更新、保密。区块链技术的应用有效地实现了分布式技术、共识机制、数字密码技术、时间戳等的结合应用。

区块链技术的本质内涵决定了区块链技术的五个特点。第一，去中心化。区块链由于使用分布式核算和存储，不存在中心化的硬件或管理机构，任意节点的权利和义务都是均等的，系统中的数据块由整个系统中具有维护功能的节点来共同维护。第二，开放性。系统是开放的，除了交易各方的私有信息被加密外，区块链的数据对所有人都公开，任何人都可以通过公开的接口查询区块链数据和开发相关应用，因此，整个系统信息高度透明。第三，自治性。区块链采用基于协商一致的规范和协议（如一套公开透明的算法），使得整个系统中的所有节点都能够在去信任的环境自由、安全地交换数据，使得对"人"的信任改成了对机器的信任，任何人为的干预都不起作用。第四，信息不可篡改。一旦信息经过验证并添加至区块链，就会永久地存储起来，除非能够同时控制住系统中超过51%的节点，否则单个节点上对数据库的修改是无效的，因此，区块链的数据稳定性和可靠性极高。第五，匿名性。由于节点之间的交换遵循固定的算法，其数据交互是无须信任的（区块链中的程序规则会自行判断活动是否有效），故交易对手无须通过公开身份的方式让对方产生信任，对信用的累积非常有帮助。

为了能够在企业中构建完整的智慧财务管理体系，企业应充分利用如大数据、云计算、人工智能、区块链等信息技术，进一步打破信息壁垒，将企业内部的信息系统与企业外部的金融体系、政府财务管理系统进行有效的连接，建立一体化的财务架构，实现对信息、资源的统一管理。目前，我国大部分地区已经实现这一做法，部分地区的市场监管部门正在建立一体化的电子营业执照管理系统，并将企业的登记信息全部录入该系统中，同时与企业的财务管理系统进行了有效的对接，实现对其的管理及监督，从而保障企业的健康发展。

随着科学技术水平的不断提高，现代企业的财务管理方式及运行理念已经不能满足企业发展的需要，企业必须充分利用各种先进的科学技术，实现企业财务管理的智慧化、信息化建设；同时，优化企业财务管理方式，将财务管理工作的价值充分体现出来，为促进企业的发展奠定良好的基础。事实证明，智慧财务管理是一种非常有效的财务管理方式，能够帮助企业整合企业内外部的相关资源，改善财务管理环境，增强企业的综合竞争实力。相信在企业管理人员的努力下，智慧财务管理体系将会更加完善，企业将得到长久的发展。

第二章　投资管理及其智能决策

第一节　投资管理概述

一、投资的定义与意义

投资，广义地讲，是指特定经济主体（包括政府、企业和个人）以本金回收并获利为基本目的，将货币、实物资产等作为资本投放于某一个具体对象，以在未来较长期间内获取预期经济利益的经济行为。企业投资，是企业为获取未来长期收益而向一定对象投放资金的经济行为，主要指对房屋、建筑物、机器、设备等能够形成生产能力的物质技术基础的投资，也包括对无形资产和长期有价证券等的投资。

（一）投资是企业获得利润的前提

利润是企业从事生产经营活动取得的财务成果。企业要获得利润，必须将筹集的资金投入使用：将资金直接用于企业的生产经营中，或将资金以股权、债权的方式投给其他企业以获取报酬。

（二）投资是企业生存和发展的必要手段

企业从事正常的生产经营活动时，各项生产要素不断更新，为了保证生产的持续进行，企业需要不断地将现金形态的资金投入使用，这是企业生存的基本条件。同样，当企业要扩大生产规模时，也需要进一步地投资才能使企业的资产增加；当企业生产规模扩大后，为了保证正常的生产，还需要追加营运资金，而这一切只有投资才能实现。

（三）投资是企业降低风险的重要途径

在市场经济条件下，企业的生产经营活动不可避免地存在风险，其基本原因在于商品销售数量的不确定性，而影响销售数量的因素较多，如商品的质量、市场对商品的需求、企业的销售策略和服务水平、企业的成本费用等。为了降低风险，企业经常要保持质量、技术领先水平，通过投资提高企业设备的技术含量；为了降低风险，企业还要进行多品种、跨行业经营，同样需要投资来支持。

二、投资的目的

企业投资是指公司对现在所持有资金的一种运用，如投入经营资产，或购买金融资产，或者是取得这些资产的权利，其目的是在未来一定时期内获得与风险相匹配的报酬。在市场经济条件下，公司能否把筹集到的资金投放到报酬高、回收快的项目上去，对企业的生存和发展十分重要。

1. 企业投资是实现财务管理目标的基本前提。企业财务管理的目标是不断提高企业价值，为股东创造财富。因此要采取各种措施增加利润，提高企业价值。企业要想获得利润，就必须进行投资，在投资中获得收益。

2. 企业投资是公司生存与发展的必要手段。企业的生产经营，就是企业资产的运用和资产形态的转换过程。投资是一种资本性支出的行为，通过投资支出，企业购建流动资产和长期资产，形成生产条件和生产能力。实际上，不论是新建一个企业，还是建造一条生产流水线，都是一种投资行为。通过投资，确立企业的经营方向，配置企业的各类资产，并将它们有机地结合起来，形成企业的综合生产经营能力。

3. 企业投资是公司降低经营风险的重要方法。公司把资金投向生产经营的关键环节，可以使各种生产经营能力配套、平衡，形成更大的综合生产经营能力。例如把资金投向多个行业，实行多元化经营，跨行业生产经营多种多样的产品或业务，扩大企业的生产经营范围和市场范围，充分发挥企业特长，充分利用企业的各种资源，提高经营收益，这些都是降低公司经营风险的重要方法。

三、投资的分类

投资行为按不同的角度可分为不同的种类。全面理解和把握各种投资的类型和特征，可以使投资者更科学、合理地从事投资活动，有利于加强投资管理。

1. 按投资活动与企业本身的生产经营活动的关系，投资可分为直接投资和间接投资。直接投资是指由投资人直接介入的投资行为，即将货币资金直接投入投资项目，形成实物资产或者购买现有企业资产的一种投资，一般都属于长期投资，其特点是投资行为可以直接将投资者与投资对象联系在一起。间接投资是指投资者以其资本购买公司债券、金融债券或公司股票等各种有价证券，以预期获取一定收益的投资，由于其投资形式主要是购买各种各样的有价证券，因此也被称为证券投资。间接投资方不直接介入具体生产经营过程，而是通过股票、债券上所约定的收益分配权利，获得股利或利息收入，分享直接投资的经营利润。

2. 按投资回收期限的长短，投资可分为短期投资和长期投资。短期投资是指能够随时变现并且持有时间不超1年或1个营业周期的投资。短期投资的目的一般是使闲置的资金得到最大的效用并从中获得收益，其须具备的条件包括：能够在公开市场进行交易并且有明确的市价；持有投资作为剩余资金的存放方式，并保持其流动性和获利性。短期投资分为短期股权投资和短期债券投资。长期投资是指回收期在1年以上的投资，其特点是投资金额较大，而且不容易变现，主要包括固定资产、无形资产、对外长期投资等。

3. 按投资项目之间的相互关联关系，投资可以划分为独立投资和互斥投资。独立投资是相容性投资，各个投资项目之间都互不关联、互不影响，可以同时并存。例如建造一个饮料厂和建造一个纺织厂，它们之间并不冲突，可以同时进行。对于一个独立投资项目而言，其他投资项目是否被采纳，对本项目的决策并无显著影响。因此，独立投资项目决策考虑的是方案本身是否满足某种决策标准。例如可以规定凡提交决策的投资方案，其预期投资报酬率都要求达到20%才能被采纳。这里，预期投资报酬率达到20%，就是一种预期的决策标准。互斥投资是非相容性投资，各个投资项目之间都相互关联、相互替代，不能同时并存，如对企业现有设备进行更新，购买新设备就必须处置旧设备，它们之间是互斥的。对于一个互斥投资项目而言，其他投资项目是否被采纳或放弃，直接影响本项目的决策，其他项目被采纳，本项目就不能被采纳。因此，互斥投资项目决策考虑的是各方案之间的排斥性，也许每个方案都是可行方案，但互斥决策需要从中选择最优方案。

四、投资的主体与客体

投资的主体即投资者。投资主体是具有资金或资金来源，在投资过程中拥有决策权的投资活动主体。在金融投资中，投资主体可以是个人、企事业单位、金融机构、政府，以及外国机构投资者等。投资者如同生产消费体系中的消费者，属于金融市场的买方，受到资金规模的预算约束，他所面临的问题同样是在既定的预算中，成本最小化、收益最大化的规划。

投资的客体即投资对象。投资客体为投资主体所选择，能在未来为投资主体带来收益或是满足其他投资目的。在金融投资中，投资客体的表现形式多种多样，包括股票、债券、证券投资基金、衍生金融工具等。银行与投资银行等金融机构则属于金融市场的卖方。

投资者主要分为个人投资者和机构投资者。

个人投资者，是以个人的名义，将自己的合法财产投资于金融市场的投资者，是从事金融投资活动的自然人。个人投资者的金融投资目的是使金融投资的净效用最大化。具体目的有本金安全、收益稳定、资本增值、抵补通胀损失、维持流动性、实现投资多样化、参与公司决策、合法避税等。

机构投资者，主要有企事业法人、金融机构、政府部门，以及外国机构投资者等。常见的机构投资者是基金管理公司、保险公司。机构投资者的特征是投资的资金量大、收集和分析信息的能力强、可进行有效的资产组合以分散投资风险、注重资产的安全性、注重长期投资、投资活动对市场影响较大等。

1. 企事业法人。包括各种以营利为目的的工商企业和非营利的事业单位。

企业可以将自有的闲置资金或暂时不用的积累进行短、中、长期投资，还可以通过股权投资实现参股、控股或组建企业集团的目的。企业投资金融产品属于投资管理范畴，常见的生产性企业可以看作为获取增值的未来的现金流而面临不确定性进行的实业投资，也可以看作投资管理的特例。

2. 金融机构。主要有证券公司、商业银行、保险公司、其他金融机构，以及各种基金组织等。

证券经营机构进行证券投资的主要目的有两个：一是运用自用资金获取盈利；二是接受投资者的委托，代为投资并进行资产管理，并收取管理费。证券公司从事投资活动的部门通常为自营部与资产管理部。商业银行的金融投资通常采取稳健的经营策略。保险公司的证券投资同样受自身的业务性质和政府监管的制约，按比例运用保险资金从事投资。其他金融机构包括信托投资公司、企业集团财务公司、金融租赁公司等，通常也在自身章程和监管机构许可的范围内进行金融投资。

证券投资基金可以从事股票、债券等金融工具投资，并将投资收益按基金投资者的份额比例进行分配。各类社会基金是指将收益用于指定的社会公益事业的基金，参与金融投资的目的是为基金的资产保值增值，弥补基金的营运成本，保证基金的正常支付。

3. 政府部门。包括中央政府、地方政府和政府机构。各级政府及政府机构参与金融投资的目的有调剂资金余缺、公开市场业务操作、保证国有资产的保值增值，以及通过国家控股、参股来控制及合理配置社会资源。

4. 外国机构投资者。合格的境外机构投资者（QFT），可以在一定的规定和限制下注入一定额度的外汇资金，并转换为当地货币，通过严格监管的专门账户投资于当地的金融市场，其资本利得、股息等经批准后可转为外汇汇出。

五、投资管理的工具方法

投资管理领域应用的管理会计工具方法，一般包括贴现现金流法、项目管理、情景分析、约束资源优化等。

贴现现金流法，是以明确的假设为基础，选择恰当的贴现率对预期的各期现金流入、流出进行贴现，通过贴现值的计算和比较，为财务合理性提供判断依据的价值评估方法。

项目管理，是指通过项目各参与方的合作，运用专门的知识、工具和方法，对各项资源进行计划、组织、协调、控制，使项目能够在规定的时间、预算和质量范围内，实现或超过既定目标的管理活动。

情景分析，是指在对企业经营管理中未来可能出现的相关事件情景进行假设的基础上，结合企业管理要求，通过模拟等技术，分析相关方案发生的可能性、相应后果和影响，以做出最佳决策的方法。

约束资源优化，是指企业通过识别制约其实现生产经营目标的瓶颈资源，并对相关资源进行改善和调整，以优化企业资源配置、提高企业资源使用效率的方法。

第二节　投资项目管理

一、投资项目管理概述

（一）项目的含义

项目是指具有明确目标的一系列复杂并相互关联的活动。公司尤其是实业公司为实现增长，进而达到财务管理目标，往往进行项目投资。开发新产品、建造生产线都是实业公司的重要项目，具有目标性、长期性、唯一性和不可逆性等基本特征。

（二）投资项目的类型

按照不同的分类标准，投资项目可划分为不同类型。按投资对象的不同，经营性长期资产投资项目可分为以下五种类型。

1. 新产品开发或现有产品的规模扩张项目

通常需要添置新的固定资产，并增加企业的营业现金流入。

2. 设备或厂房的更新项目

通常需要更换固定资产，但不改变企业的营业现金流入。

3. 研究与开发项目

通常不直接产生现实的收入，而是得到一项是否投产新产品的选择权。

4. 勘探项目

通常使企业得到一些有价值的信息。

5. 其他项目

其他项目包括劳动保护设施建设、购置污染控制装置等。这些决策不直接产生营业现金流入，而使企业在履行社会责任方面的形象得到改善，它们有可能减少未来的现金流出。

（三）投资项目管理的基本程序

1. 投资项目的提出

投资项目是由企业领导者根据企业的长远发展战略、中长期投资计划和投资环境的变化，在把握良好的投资机会的情况下提出来的。

2. 投资项目的评价

投资项目的评价主要涉及以下四项工作：一是对提出的投资项目进行适当的分类，为后面的分析评价做好准备；二是计算项目的建设周期，测算项目投产后各年的现金流量；三是运用各种投资评价指标，判断项目的可行性；四是写出详细的评价报告。

3. 投资项目的决策

在对投资项目进行评价后，企业要做出最后的决策。结果一般可分为以下三种：①接受这个项目，可以进行投资；②放弃这个项目，不能进行投资；③返还给项目的提出部门，让其重新调查，再做处理。

4. 投资项目的执行

在决定对某一项目进行投资后，企业要积极地筹集资金、实施投资。在投资项目的执行过程中，企业要对项目的进度、质量和成本进行监督和控制，从而使得投资项目能按预算规定如期完成。

5. 投资项目的再评价

在投资项目的执行过程中，企业应积极地关注其发展战略、市场环境等因素的变化，一旦发现这些因素出现了重大变化，并使原有的投资项目变得不合理，就要尽快做出中途停止原有投资项目的决策，以避免遭受更大的损失。

二、估算投资项目的现金流量

（一）投资项目现金流量的含义

现金流量是指和投资项目有关的现金流入和流出的数量。现金流量中的"现金"是广义的现金，它不仅包括各种货币资金，还包括项目需要投入的、企业现有的非货币资产的变现价值。例如一个项目需要使用的厂房、设备和材料等的变现价值都属于现金流量的内容。

任何一项投资项目的实施，都会引起现金的流入和流出。现金流量是投资项目财务可行性分析的主要分析对象，净现值、内含报酬率（Internal Rate Of Return，IRR）、投资回收期等财务评价指标，均是以现金流量为对象进行可行性评价的。因此，要正确地评价各备选投资项目的可行性，必须事先计算现金流量这个基础性指标。这里要注意，现金流量所表示的现金流入和现金流出是指实际收到和支付的现金数，而不是指会计上的营业收入和营业支出。由于投资项目决策是事先决策，而现金流量发生在将来，因此要对投资项目的现金流量进行估算。

（二）现金流量的估算原则及应注意的问题

1. 现金流量的估算原则

在估算投资项目的现金流量时，应遵循的最基本原则如下：只有增量现金流量才是与项目相关的现金流量。增量现金流量是指接受或拒绝某个投资方案后，企业总现金流量因此发生的变动。只有那些由于采纳某个项目引起的现金支出增加额，才是该项目的现金流出；只有那些由于采纳某个项目引起的现金流入增加额，才是该项目的现金流入。

2. 现金流量估算应注意的问题

为了正确地计算投资项目的总现金流量，需要正确地判断哪些支出会引起企业总现金流量的变动，哪些支出不会引起企业总现金流量的变动。在进行这种判断时，要注意以下问题。

（1）区分相关成本和非相关成本

相关成本，是指与特定决策有关的、在分析评价时必须加以考虑的成本，如差额成本、未来成本、重置成本、机会成本等。凡是与特定决策无关的、在分析评价时不必加以考虑的成本都是非相关成本（无关成本），如沉没成本、过去成本、账面成本等。

（2）不要忽视机会成本

在投资方案的选择中，如果选择了一个投资方案，则必须放弃投资其他途径的机会。也就是说，所放弃的其他投资机会可能取得的收益是实行本方案的一种代价，称为该项投资方案的机会成本。公司拥有的一块土地，可以用来出租，也可以用来建厂房，如果选择用来建厂房，势必就要选择放弃出租这块土地的方案，也就意味着丧失了租金收益。如果土地出租租金收入是 200 万元，那么这200 万元的租金收入将是建造厂房方案的机会成本。机会成本不是我们通常意义上的"成本"，它不是一种支出或费用，而是失去的收益。这种收益不是实际发生的，而是潜在的。机会成本总是针对具体方案的，离开被放弃的方案就无从计量确定。

（3）考虑投资方案对公司其他项目的影响

当采纳一个新的项目后，该项目可对公司的其他项目造成有利或不利的影响。例如若新建车间生产的产品上市后，原有其他产品的销售可能减少，而且整个公司的销售额也许会不增加甚至减少。因此公司在进行投资分析时，不应将新车间的销售收入作为增量收入处理，而应先扣除其他项目因此减少的销售收入。当然，也可能发生相反的情况，新产品上市后将促进其他项目的销售增长。这要看新项目和原有项目是竞争关系还是互补关系。

（4）对净营运资金的影响

在一般情况下，当公司开办一个新业务并使销售额扩大后，对于存货和应收账款等经营性流动资产的需求也会增加，公司必须筹集新的资金以满足这种额外需求；公司扩充的结果，应付账款与一些应付费用等经营性流动负债也会同时增加，从而降低公司流动资金的实际需要。净营运资金的需要是指增加的经营性流动资产与增加的经营性流动负债之间的差额。当投资方案的寿命周期快要结束时，公司将与项目有关的存货出售，应收账款变为现金，应付账款和应付费用也随之偿付，净营运资金恢复到原有水平。通常，在进行投资分析时，一般要假定开始投资时筹措的净营运资金能在项目结束时收回。

（5）所得税的影响

上缴的所得税是企业的一种现金流出，在整个项目的运营期都会涉及。运营期内每年的所得税额取决于该年利润的大小和所得税税率的高低。

税后成本。税后成本是指扣除了所得税影响以后的费用净额。一个项目运营期内每年发生的、依据税法规定可以在税前扣除的费用，具有减少所得税的作用。因此，企业实际支付额并不是真实成本，而应将因此而减少的所得税扣除。其计算公式为：

$$税后成本 = 支出金额 \times （1-所得税税率） \tag{2-1}$$

税后收入。税后收入是指扣除了所得税影响以后的收入净额。税后收入是与税后成本相对应的概念。一个项目运营期内每年取得的营业收入，依据税法规定需要缴纳所得税。这会使得企业营业收入的金额有一部分流出企业，企业实际得到的现金流入是税后收入。其计算公式为：

$$税后收入 = 收入金额 \times （1-所得税税率） \tag{2-2}$$

折旧的抵税作用。众所周知，折旧是在所得税前扣除的一项费用，因此，折旧可以起到减少所得税的作用，这种作用称为折旧抵税。其计算公式为：

$$税负减少额 = 折旧额 \times 所得税税率 \tag{2-3}$$

可见，折旧对投资项目现金流量产生影响，实际上是由所得税引起的。

（三）投资项目现金流量的分阶段估算

新建项目的现金流量可以按初始现金流量、营业现金流量和终结点现金流量三个部分进行估算。

1. 初始现金流量

初始现金流量是指项目开始投资时所发生的现金流量，具体包括以下内容。

①建设投资。

②垫支流动资金。

③机会成本。

④其他投资费用，如筹建经费、职工培训费、谈判费、注册费用等。

⑤原有固定资产变价收入，主要指固定资产更新时原有固定资产变卖所得的现金收入。

2. 营业现金流量

（1）营业现金流入量

运营期营业现金流入量是指项目投产后每年的全部营业现金收入。营业现金收入主要包括当期收现收入、收回前期的赊销收入。它是运营期主要的现金流入项目。营业收入属于时期指标，为简化计算，假定营业收入发生于运营期各年的年末。

（2）营业现金流出量

运营期营业现金流出量是指项目投产后每年发生的全部营业现金支出。

①付现成本：成本中需要每年支付现金的部分称为付现成本，如购买原材料、燃料和动力，支付的职工薪酬和其他费用等。成本中不需要每年支付现金的部分称为非付现成本，主要包括固定资产折旧费用、无形资产摊销费用等。付现成本与非付现成本构成企业的营业成本。付现成本是生产经营阶段最主要的现金流出量。营业成本属于时期指标，为简化计算，假定营业成本发生于运营期各年的年末。

②所得税：所得税是项目投产后依法缴纳的费用，它会引起现金的流出。

（3）营业现金净流量

营业现金净流量是指投资项目投入使用后，在其寿命周期内由于生产经营所带来的现金流入和现金流出的差额。

①根据直接法计算

直接法是根据净现金流量的定义计算得到的。所得税是一种现金支付，应当作为每年营业净现金流量的一个减项。年营业净现金流量计算公式如下：

$$年营业 NCF = 年营业收入 - 年付现成本 - 年所得税 \tag{2-4}$$

②根据间接法计算

间接法是根据直接法推导出来的。

③推导过程

$$年营业 NCF = 年营业收入 - （年付现成本 + 年所得税）$$

$$= 年营业收入 - （年营业成本 - 年折旧 - 年摊销） - 年所得税$$

$$= 年营业收入 - 年营业成本 - 年所得税 + 年折旧 + 年摊销$$

$$= 年净利润 + 年折旧 + 年摊销 \tag{2-5}$$

④根据所得税和折旧对营业现金流量的影响计算

营业净现金流量计算公式如下：

$$年营业 NCF = 年经营净利润 + 年折旧 + 年摊销$$

　　＝（年营业收入－年营业成本）×（1－所得税税率）＋年折旧＋年摊销

　　＝（年营业收入－年付现成本－年折旧－年摊销）×（1－所得税税率）

　　＋年折旧＋年摊销＝年营业收入×（1－所得税税率）－年付现成本

×（1－所得税税率）－（年折旧＋年摊销）×（1－所得税税率）＋年折旧＋年摊销

＝年营业收入×（1－所得税税率）－年付现成本×（1－所得税税率）＋（年折旧

　　＋年摊销）×所得税税率＝税后营业收入－税后付现成本＋税负减少　（2-6）

以上三个公式可以根据已知条件灵活选用。

　　3. 终结点现金流量

　　（1）终结点现金流入量

　　项目寿命期末现金流入量除了最后一年的营业净现金流量外，还会产生以下现金流入量：

　　①回收的固定资产余值

　　固定资产余值是指项目在终结点固定资产残值收入扣除了所需要上缴的流转税金等支出后的残值收入及其所得税影响。固定资产残值收入是指出售旧固定资产或残料变现收入扣除清理费用后的现金收入。相关流转税金是指按税法规定出售固定资产残值收入应缴纳的增值税等。所得税影响是计算期期末处置固定资产时产生的净损益应缴纳或应抵减的所得税。按税法规定，如果预计的固定资产报废时残值净收入大于预计残值，就应上缴所得税，形成一项现金流出量；反之，如果预计的固定资产报废时残值净收入小于预计残值，则可以抵减当年所得税，形成一项现金流入量。

　　②回收的垫支净营运资本

　　投资项目在清理时，收回原垫支在各种流动资产上的资金，收回的资金可以用于别处，这部分资金是企业资本的内部转移，不需要缴纳税金，仅仅使收回当期现金流入量增加。

　　在终结点回收的固定资产余值和回收的垫支净营运资本统称为回收额。

　　（2）终结点净现金流量的计算

　　终结点某年的净现金流量等于该年的现金流入量减去该年的现金流出量。终结点净现金流量主要指现金流入量。

　　其简化计算公式如下：

终结点净现金流量=运营期最后一年的营业净现金流量+回收额 （2-7）

三、计算投资项目决策评价指标

投资项目评价使用的基本方法是现金流量折现法，主要有净现值法和内含报酬率法。此外，有一些辅助方法，主要是回收期法和会计报酬率（Accounting Rate Return，ARR）法。

（一）净现值

上面谈到项目投资的现金流量是个基础型指标。但是，现金流量不能作为评价投资项目的经济效益及其是否可行的直接依据。企业主张为股东创造价值。从最一般的意义上而言，投资项目在市场上的价值高于我们取得它的成本，那么我们就创造了价值。净现值是指特定项目未来现金流入的现值与未来现金流出的现值之间的差额，它是指对进行一项投资所创造或增加的价值进行计量的尺度。既然我们的目标是为股东创造价值，那么投资项目过程可以看作在寻找正的净现值的投资。净现值的计算公式为：

$$NPV = \sum_{t=0}^{n} \frac{NCF_t}{(1+i)^t} \qquad (2-8)$$

其中，NCF_t 为第 t 年的现金净流量；n 为项目的年限；i 为资本成本或折现率。

1. 净现值的决策规则

净现值的决策规则如下：对于独立投资项目，净现值大于零，投资项目可以接受；反之，净现值小于零，投资项目不可接受。对于互斥项目，如果初始投资和项目期限相同，选择净现值大于零且净现值最大的方案。

2. 净现值的优点

净现值的优点：①综合考虑了资金时间价值，能合理地反映投资项目的真正经济价值。②考虑了项目整个期间的全部现金流量。③考虑了投资风险性，因为贴现率的大小与风险大小有关，风险越大，贴现率就越高。

实务中，折现率的确定方法之一是以资本成本作为折现率，但计算资本成本比较难，限制了该方法的应用；还有一种方法是以现金的机会成本作为折现率，这也是公司要求的最低报酬率，这种方法比较常用。

净现值指标在资本预算中具有重要地位。项目的净现值与公司价值有密切的关系，财务管理的目标就是提高公司的价值，任何净现值大于零的项目理论上都会提高公司价值。

（二）现值指数

现值指数（Present Index，PI）是未来现金净流量的总现值与初始投资额现值的比率，亦称为现值比率、获利指数等。其计算公式为：

$$现值指数 = \frac{未来现金净流量的总现值}{初始投资额现值} \tag{2-9}$$

从现值指数的计算公式来看，现值指数的计算结果有三种：大于 1、等于 1、小于 1。

1. 现值指数的决策规则

根据现值指数指标进行各独立项目选择的决策规则如下：若现值指数大于或等于 1，方案可行，说明方案实施后的报酬率高于或等于必要报酬率；若现值指数小于 1，方案不可行，说明方案实施后的报酬率低于必要报酬率。在两个以上项目期限相同的方案比较时，现值指数越大，方案越好。

2. 现值指数的优点

现值指数的优点：由于现值指数是用相对数来表示，故有利于在初始投资额不同的投资方案之间进行对比，可以直观反映不同项目投资效率的差别。

（三）年金净流量

投资项目期间全部现金净流量的现值总额或终值总额折算为等额年金的平均现金净流量称为年金净流量（Annual Net Cash Flow，ANCF）。年金净流量的计算公式为：

$$年金净流量 = 现金净流量总现值/年金现值系数$$
$$= 现金净流量总终值/年金终值系数 \tag{2-10}$$

1. 年金净流量的决策规则

与净现值指标一样，年金净流量指标大于零，说明每年平均的现金流入能抵补现金流出，投资项目的净现值（或净终值）大于零，投资方案的报酬率大于所要求的报酬率，投资方案可行。在两个以上寿命期不同的投资方案比较时，年金净流量越大，投资方案越好。

2. 年金净流量的优点

年金净流量法是净现值法的辅助方法，在各方案的寿命期相同时，实质上就是净现值法。因此它适用于期限不同的投资方案决策。

（四）投资回收期

投资回收期是指通过项目的现金净流量来收回初始投资的现金所需要的时间，一般以年为单位。

1. 投资回收期的计算步骤

投资回收期的计算，因每年营业现金净流量是否相等而有所不同。

①若每年营业现金净流量相等，则投资回收期的计算公式为：

$$投资回收期 = \frac{初始投资额}{年现金净流量} \qquad (2-11)$$

②若每年营业现金净流量不相等，则投资回收期的计算要根据每年年末尚未收回的投资额加以确定。其计算公式为：

$$投资回收期 = 累积现金净流量开始出现正值的年份 - 1$$
$$+ \frac{上一年的累积现金净流量绝对值}{当年现金净流量} \qquad (2-12)$$

2. 投资回收期的决策规则

利用投资回收期进行项目评价的规则如下：当投资回收期小于基准回收期（由公司自行确定或根据行业标准确定）时，可接受该项目；反之，则应放弃。在实务分析中，如果没有建设期的话，一般认为投资回收期小于项目经营期的一半时方为可行。

（五）会计报酬率法

1. 会计报酬率的概念及计算方法

会计报酬率也称平均投资报酬率，是指投资项目寿命期内的平均年投资报酬率。计算时使用会计报表上的数据，以及普通会计的利润和成本概念。

会计报酬率的计算公式为：

$$会计报酬率 = \frac{年平均净利润}{原始投资额} \times 100\% \qquad (2-13)$$

2. 会计报酬率的优点

优点：它是衡量项目整体盈利性的一种简单方法，概念易于理解；使用财务报告数据容易取得。揭示了采纳一个项目后企业长期资本报酬率的变化情况，使经理人员能够预期未来的业绩。

四、投资项目的敏感性分析

敏感性分析是投资项目评价中常用的一种研究不确定性的方法。它在确定性分析的基础上，进一步分析不确定性因素对投资项目的最终经济效果指标的影响及影响程度。

敏感因素一般可选择主要参数（如销售收入、经营成本、生产能力、初始投资、寿命期、建设期、达产期等）进行分析。若某参数的小幅度变化能导致经济效果指标的较大变化，则称此参数为敏感因素；反之，则称其为非敏感因素。

（一）敏感分析的作用

1. 确定影响项目经济效益的敏感因素。找出影响最大、最敏感的主要变量因素，进一步分析、预测或估算其影响程度，找出产生不确定性的根源，采取相应的有效措施。

2. 计算主要变量因素的变化引起项目经济效益评价指标变动的范围，使决策者全面了解建设投资项目方案可能出现的经济效益变动情况，以减少和避免不利因素的影响，提高项目的投资效果。

3. 通过各种方案敏感度大小的对比，区别敏感度大或敏感度小的方案，选择敏感度小的，即风险小的项目做投资方案。

4. 通过可能出现的最有利与最不利的经济效果变动范围的分析，为决策者预测可能出现的风险程度，并对原方案采取某些控制措施或寻找可替代方案，为最后确定可行的投资方案提供可靠的决策依据。

（二）敏感分析的方法

敏感分析的方法是一项有广泛用途的分析技术。投资项目的敏感分析，通常是在假定其他变量不变的情况下，测定某一个变量发生特定变化时对净现值（或内含报酬率）的影响。敏感分析主要包括最大最小法和敏感程度法两种分析方法。

1. 最大最小法

最大最小法的主要步骤包括以下三点。

①给定计算净现值的每个变量的预期值。计算净现值时需要使用预期的初始投资、营业现金流入、营业现金流出等变量。这些变量都是最可能发生的数值，称为预期值。

②根据变量的预期值计算净现值，由此得出的称为基准净现值。

③选择一个变量并假设其他变量不变，令净现值等于零，计算选定变量的临界值。如此往复，测试每个变量的临界值。

通过上述步骤，可以得出使基准净现值由正值变为负值（或相反）的各变量最大（或最小）值，帮助决策者认识项目的特有风险。

2. 敏感程度法

敏感程度法的主要步骤包括以下四点。

①计算项目的基准净现值（方法与最大最小法相同）。

②选定一个变量，如每年税后营业现金流入，假设其发生一定幅度的变化，而其他因素不变，重新计算净现值。

③计算选定变量的敏感系数。

$$敏感系数 = 目标值变动百分比 / 选定变量变动百分比 \qquad (2-14)$$

它表示选定变量变化 1% 时导致目标值变动的百分比，可以反映目标值对于选定变量变化的敏感程度。

④根据上述分析结果，对项目的敏感性做出判断。

采用上述数据，我们计算税后营业现金流入增减 5% 和 10%（其他因素不变化）的净现值，以及税后营业现金流入变动净现值的敏感系数，然后按照同样的方法，分别计算税后营业现金流出量和初始投资变动对净现值的影响。

（三）敏感分析的评价

敏感分析是一种最常用的风险分析方法，计算过程简单易于理解，但也存在局限性，主要包括以下两个方面。

1. 在进行敏感分析时，只允许一个变量发生变动，而假设其他变量保持不变，但在现实世界中这些变量通常是相互关联的，会一起发生变动，但是变动的幅度不同。

2. 每次测算一个变量变化对净现值的影响，都可以提供一系列分析结果，但是没有给出每一个数值发生的可能性。

第三节　证券投资管理

一、证券投资管理概述

证券资产是企业进行金融投资所形成的资产。证券投资不同于项目投资，项目投资的对象是实体性经营资产，经营资产是直接为企业生产经营服务的资产，如固定资产、无形资产等，它们往往是一种服务能力递减的消耗性资产。证券投资的对象是金融资产，金融资产是一种以凭证、票据或者合同合约形式存在的权利性资产，如股票、债券及其衍生证券等。

（一）证券资产的特点

1. 价值虚拟性

证券资产不能脱离实体性经营资产而完全独立存在，但证券资产的价值不是完全由实体资本的现实生产经营活动决定的，而是取决于契约性权利所能带来的未来现金流量，是一种未来现金流量折现的资本化价值。例如债券投资代表的是未来按合同规定收取债息和收回本金的权利，股票投资代表的是对发行股票企业的经营控制权、财务控制权、收益分配权、剩余财产追索权等股东权利。证券资产的服务能力在于它能带来未来的现金流量、按未来现金流量折现，即资本化价值，是证券资产价值的统一表达。

2. 可分割性

实体项目投资的经营资产一般具有整体性要求，如购建新的生产能力，往往是厂房、设备、配套流动资产的结合。证券资产可以分割为一个个最小的投资单位，如一只股票、一份债券，这就决定了证券资产投资的现金流量比较单一，往往由初始投资、未来收益或资本利得、本金回收所构成。

3. 持有目的多元性

实体项目投资的经营资产往往是为消耗而持有，为流动资产的加工提供生产条件。证券资产的持有目的是多元的，既可能是为未来积累现金，即为未来变现而持有，也可能是为谋取资本利得，即为销售而持有，还有可能是为取得对其他企业的控制权而持有。

4. 流动性

证券资产具有很强的流动性，其流动性表现在：①变现能力强。证券资产往往都是上市证券，一般都有活跃的交易市场可供及时转让。②持有目的可以相互转换。当企业急需现金时，可以立即将为其他目的而持有的证券资产变现。证券资产本身的变现能力虽然较强，但其实际周转速度取决于企业对证券资产的持有目的。作为长期投资的形式，企业持有的证券资产每周转一次一般都会超过一个会计年度。

5. 高风险性

证券资产是一种虚拟资产，决定了金融投资受公司风险和市场风险的双重影响，不仅发行证券资产的公司业绩影响着证券资产投资的报酬率，资本市场的市场平均报酬率变化也会给金融投资带来直接的市场风险。

（二）证券投资的概念和种类

证券投资是指投资人（法人或自然人）购买股票、债券等有价证券及这些有价证券的衍生品以获取红利、利息及资本利得的投资行为和投资过程。

由于金融证券多种多样，可供企业进行选择的证券投资也多种多样，根据证券投资对象的不同，证券投资基本可以分为债券投资、股票投资两大类。

1. 债券投资

债券投资是指公司购买政府、金融机构或公司发行的债券以获取收益的行为。与股票投资相比，债券投资能获得稳定收益，投资风险较低。稳定收益，是指债券一般有固定的利息率和付息日，投资者可在规定的时间收到固定的利息。风险小是因为债券有固定的到期日，债券价格的波动通常小于股票，且债券的求偿权在股票之前。但是，投资于一些期限长、信用等级低的债券，也会承担较大风险。

2. 股票投资

股票投资是指公司将资金投向其他股份公司所发行的股票，以获得投资收益的投资行为。股票投资具有高风险、高收益的特点。公司投资股票，尤其是投资普通股票，要承担较大风险，但在通常情况下，也会取得较高收益。

（三）证券投资的目的

1. 分散资金投向，降低投资风险

投资分散化，即将资金投资于多个相关程度较低的项目，实行多元化经营，能够有效地分散投资风险。当某个项目经营不景气而利润下降甚至导致亏损时，其他项目可能会获取较高的收益。将企业的资金分成内部经营投资和对外证券投资两个部分，实现了企业投资的多元化。而且，与内部经营投资相比，对外证券投资不受地域和经营范围的限制，投资选择面非常广，投资资金的退出和收回也比较容易，是多元化投资的主要方式。

2. 利用闲置资金，增加企业收益

企业在生产经营过程中，由于各种原因有时会出现资金闲置、现金结余较多的情况。这些闲置的资金可以投资于股票、债券等有价证券上，谋取投资收益，这些投资收益主要表现在股利收入、债息收入、证券买卖差价等方面。同时，有时企业资金的闲置是暂时性的，可以投资于在资本市场上流通性和变现能力较强的有价证券，这类证券能够随时变卖、收回资金。

3. 稳定客户关系，保障生产经营

企业生产经营环节中，供应和销售是企业与市场相联系的重要通道。没有稳定的原材料供应来源，没有稳定的销售客户，都会使企业的生产经营中断。为了

保持与供销客户良好而稳定的业务关系，可以对业务关系链的供销企业进行投资，保持对它们一定的债权或股权，甚至控股。这样，能够以债权或股权对关联企业的生产经营施加影响和控制，保障本企业的生产经营顺利进行。

4. 提高资产的流动性，增强偿债能力

资产流动性强弱是影响企业财务安全性的主要因素。除现金等货币资产外，有价证券投资是企业流动性最强的资产，是企业速动资产的主要构成部分。在企业需要支付大量现金，而现有现金储备又不足时，可以通过变卖有价证券迅速取得大量现金，保证企业的及时支付。

二、债券

债券是发行者为筹集资金、在约定时间支付一定比例的利息，并在到期时偿还本金而发行的一种有价证券。

（一）债券的基本要素

1. 债券面值

债券面值是指设定的票面金额，它代表发行人承诺于未来某一特定日期偿付给债券持有人的金额。

2. 债券票面利率

债券票面利率是指债券票面载明的年利息率，又称为名义利率，是债券发行者承诺在一定时期后支付给债券持有人利息的支付标准。

3. 债券的付息方式

债券的付息方式规定了债券利息如何支付。债券利息是可以到期一次性支付，也可以是在偿还期内分期支付；债券的利息可能使用单利，也可能使用复利。

4. 债券到期日

债券的到期日指偿还本金的日期。债券一般都规定到期日，以便到期时归还本金。

（二）债券的分类

1. 按债券是否记名分类

按债券上是否记有持券人的姓名或名称，分为记名债券和无记名债券。在公司债券上记载持券人姓名或名称的为记名债券；反之，为无记名债券。

2. 按债券能否转换为股票分类

按能否转换为公司股票，分为可转换债券和不可转换债券。若公司债券能转换为本公司股票，为可转换债券；反之，为不可转换债券。一般来讲，前者的利率要低于后者。

3. 按有无财产抵押分类

按有无特定的财产担保，分为抵押债券和信用债券。发行公司以特定财产作为抵押品的债券为抵押债券；没有特定财产作为抵押品，凭信用发行的债券为信用债券。抵押债券又分为一般抵押债券、不动产抵押债券、设备抵押债券和证券信托债券。一般抵押债券，即以公司全部资产作为抵押品而发行的债券；不动产抵押债券，即以公司的不动产作为抵押品而发行的债券；设备抵押债券，即以公司的机器设备作为抵押品而发行的债券；证券信托债券，即以公司持有的股票证券及其他担保证书作为抵押品交付给信托公司而发行的债券等。

4. 按能否上市分类

按能否上市，分为上市债券和非上市债券。可在证券交易所挂牌交易的债券为上市债券；反之，为非上市债券。上市债券信用度高，且变现速度快，因而容易吸引投资者，但上市条件严格，且要承担上市费用。

5. 按偿还方式分类

按偿还方式，分为到期一次债券和分期债券。发行公司于债券到期日一次集中清偿本息的，为到期一次债券；一次发行而分期、分批偿还的，为分期债券。分期债券的偿还又有不同办法。

6. 按债券的发行人分类

按发行人不同，债券分为以下类别。

中央政府债券：通常指中央政府发行的债券。一般认为，政府债券会按时偿还利息和本金，没有拖欠风险。但是，在市场利率上升时，政府债券的市场流通价格会下降，因此也是有风险的。

地方政府债券：指地方政府发行的债券。地方政府债券有拖欠风险，因此利率会高于中央政府债券。

公司债券：指公司发行的债券。公司债券有拖欠风险，不同的公司债券拖欠风险有很大差别。拖欠风险越大，债券的利率越高。

国际债券：指外国政府或外国公司发行的债券。不仅外国公司债券有拖欠风险，有些外国政府债券也有拖欠风险。此外，如果国际债券以国外货币结算，购买者需要承担汇率风险。

（三）债券的估价模型

将在债券投资上未来收取的利息和收回的本金折为现值，即可得到债券的内在价值。债券的内在价值也称为债券的理论价格，只有债券的价值大于其购买价格时，该债券才值得投资。计算现值时使用的折现率，取决于当前等风险投资的市场利率。

1. 债券估价的基本模型

典型的债券是固定利率、每年计算并支付利息、到期归还本金。按照这种模式，债券价值计算的基本模型是：

$$V_d = \frac{I_1}{(1 + r_d)^1} + \frac{I_2}{(1 + r_d)^2} + \cdots + \frac{I_n}{(1 + r_d)^n} + \frac{M}{(1 + r_d)^n} \qquad (2-15)$$

其中，V_d 为债券价值；I 为每年的利息；M 为面值；r_d 为年折现率，一般采用当前等风险投资的市场利率；n 为到期前的年数。

从债券估价的基本模型中可以看出，债券面值、债券期限、票面利率、市场利率是影响债券价值的基本因素。债券一旦发行，其面值、期限、票面利率都相对固定了，因此市场利率是最为重要的因素。

2. 影响债券内在价值因素

影响债券价值的因素除债券面值、票面利率和计息期以外，还有折现率、利息支付频率和到期时间。

（1）债券价值与折现率

①折现率越小，债券价值越大；折现率越大，债券价值越小。

②当同等风险投资的必要报酬率高于票面利率时，债券价值低于票面价值（简称面值），即折价发行。

③当同等风险投资的必要报酬率低于票面利率时，债券价值高于面值，即溢价发行。

④当同等风险投资的必要报酬率等于票面利率时，债券价值等于面值，即平价发行。

对于所有类型的债券估值，都必须遵循这一原理。

（2）债券价值与利息支付频率

①对于折价发行的债券，加快付息频率，债券价值下降。

②对于溢价发行的债券，加快付息频率，债券价值上升。

③对于平价发行的债券，加快付息频率，债券价值不变。

利息在期间内平均支付的债券为平息债券。支付的频率可能是一年一次、半年一次或每季度一次等。

平息债券价值的计算公式为：

$$V_d = \sum_{t=1}^{mn} \frac{\dfrac{I}{m}}{\left(1 + \dfrac{r_d}{m}\right)^t} + \frac{M}{\left(1 + \dfrac{r_d}{m}\right)^{mn}} \tag{2-16}$$

其中，V_d 为债券价值；I 为每年的利息；M 为面值；m 为年付利息次数；n 为到期前的年数。

（3）债券价值与到期时间

债券的到期时间，是指当前日至债券到期日的时间间隔。随着时间的延续，债券的到期时间逐渐缩短，至到期日时该间隔为零。

对于平息债券，在折现率一直都保持不变的情况下，不管它高于或低于票面利率，债券价值随着到期时间的缩短逐渐向债券面值靠近，至到期日债券价值等于债券面值。当折现率高于票面利率时，随着时间向到期日靠近，债券价值逐渐提高，最终等于债券面值；当折现率等于票面利率时，债券价值一直都等于面值；当折现率低于票面利率时，随着时间向到期日靠近，债券价值逐渐下降，最终等于债券面值。

如果折现率在债券发行后发生变动，债券价值也会因此而变动。随着到期时间的缩短，折现率变动对债券价值的影响越来越小。从上述计算中看出，当到期日还有 10 年的时候，折现率从 8% 变为 10%，债券价值从 1134.21 元变为 1000元，下降了 11.83%；当到期日还有 5 年的时候，折现率从 8% 变为 10%，债券价值从 1079.87 元变为 1000 元，下降了 7.40%。这就是说，随着到期时间的缩短，债券价值对折现率特定变化的反应越来越不灵敏。

3. 债券估价的其他模型

（1）纯贴现债券

纯贴现债券是指承诺在未来某一特定日期按面值支付的债券。这种债券在到期日前购买人不能得到任何现金支付，因此，也称为"零息债券"。零息债券没有标明利息计算规则的，通常采用按年计息的复利计算规则。

纯贴现债券的价值：

$$V_d = \frac{F}{(1 + r_d)^n} \tag{2-17}$$

其中，V_d 为债券价值；F 为到期日支付额；r_d 为年折现率；n 为到期前的年数。

（2）永久债券

永久债券是一种没有到期日，永不停止定期支付利息的债券。永续年金的现值等于无限期的利息流量的复利现值之和。如果每年的利息支付是固定的，则永久债券的内在价值公式为：

$$V_d = \frac{I}{r_d} \tag{2-18}$$

其中，V_d 为债券价值；I 为每年的利息；r_d 为年折现率。

（四）债券的到期收益率

债券的收益水平通常用到期收益率来衡量。到期收益率是指以特定价格购买债券并持有至到期日所能获得的报酬率。它是使未来现金流量现值等于债券购入价格的折现率。

计算到期收益率的方法是求解含有折现率的方程，即

购进价格 = 每年的利息 × 年金现值系数 + 面值 × 复利现值系数　（2-19）

表示如下：

$$P_0 = I \times (P/A, \ r_d, \ n) + M + (P/F, \ r_d, \ n) \qquad (2-20)$$

其中，P_0 为债券价格；I 为每年的利息；M 为面值；n 为到期前的年数；r_d 为年折现率。

三、股票

(一) 股票的相关概念、分类及特点

股票是股份公司发给股东的所有权凭证，是股东借以取得股利的一种证券。股票持有者即该公司的股东，对该公司财产有要求权。

股票可以按不同的方法和标准分类。

按股东所享有的权利，可分为普通股和优先股；按票面是否标明持有者姓名，分为记名股票和不记名股票；按股票票面是否记明入股金额，分为有面值股票和无面值股票；按能否向股份公司赎回自己的财产，分为可赎回股票和不可赎回股票。

企业进行股票投资的目的主要有两种。一种是获利，即获取盈利，如作为一般的证券投资获取股利收入及买卖差价；另一种是控股，即通过购买某一企业的大量股票达到控制该企业的目的。

股票投资的特点包括以下三个方面。

1. 权益性投资

股票投资是权益性投资，股票是代表所有权的凭证，持有人作为发行公司的股东，有权参与公司的经营决策。

2. 投资风险大

投资者购买股票后，不能要求股份公司偿还本金，只能在证券市场上转让。股票投资的收益主要是股利和转让的差价收益，相对债券而言，收益稳定性较差。股票价格既受发行公司经营状况的影响，又受股市投机等因素影响，波动性极大。

3. 投资收益高

由于投资的高风险性，股票作为一种收益不固定的证券，其收益率一般比债券高。

（二）股票价值的评估模型

1. 股票估值的基本模型

股票带给持有者的现金流入包括两部分：股利收入和出售时的售价。股票的内在价值包括股利和将来出售股票时售价的现值之和。

如果股东永远持有股票，他只获得股利，是一个永续的现金流入。这个现金流入的现值就是股票的价值：

$$V_s = \frac{D_1}{(1+r_s)^1} + \frac{D_2}{(1+r_s)^2} + \cdots + \frac{D_n}{(1+r_s)^n} = \sum_{t=1}^{\infty} \frac{D_t}{(1+r_s)^t} \qquad (2-21)$$

其中，V_s 为普通股价值；D_t 为第 t 年的股利；r_s 为年折现率，一般采用资本成本率或投资的必要报酬率。

上式是股票估值的基本模型。在实际应用时，面临的主要问题是如何预计未来每年的股利，以及如何确定折现率。股利的多少取决于每股盈利和股利支付率两个因素。对其估计的方法是对历史资料的统计分析，如回归分析、时间序列的趋势分析等。股票估值的基本模型要求无限期地预计历年的股利，实际上不可能做到。因此，应用的模型都是各种简化办法，如每年股利相同或固定比率增长等。

折现率的主要作用是把所有未来不同时间的现金流入都折算为现在的价值。折现率应当是投资的必要报酬率。

如果投资者不打算永久地持有该股票，而是在一段时间后出售，他的未来现金流入是几次股利和出售时的股价。因此，买入时的股票价值为：

$$V_s = \sum_{t=1}^{\infty} \frac{D_t}{(1+r_s)^t} + \frac{P_t}{(1+r_s)^t} \qquad (2-22)$$

其中，V_s 为普通股价值；D_t 为第 t 年的股利；r_s 为年折现率；P_t 为在第 t 年出售股票所获得的现金流入。

2. 零增长股票的估值模型

假设未来股利不变，则支付的股利可以看作一个永续年金，因此，零增长股利的股票价值等于永续年金现值。因此股票内在价值计算的公式为：

$$V_s = \frac{D}{r_s} \qquad (2-23)$$

其中，V_s 为普通股价值；D 为每期相等的股利；r_s 为年折现率。

3. 固定增长股票的价值模型

有些企业的股利是不断增长的。当公司进入可持续增长状态时，其增长率是固定的，则股票价值的估计方法如下：

假设 ABC 公司今年的股利为 D_0，则 t 年的股利应为：

$$D_t = D_0 (1 + g)^t \tag{2-24}$$

若 $D_0 = 2$，$g = 10\%$，则 5 年后的每年股利为：

$$D_5 = D_0 \cdot (1 + g)^t = 2 \times (1 + 10\%)^5 = 2 \times 1.6105 = 3.22(元) \tag{2-25}$$

固定增长股票的股价计算公式如下：

$$V_s = \sum_{t=1}^{\infty} \frac{D_0 (1 + g)^t}{(1 + r_s)^t} \tag{2-26}$$

当 g 为常数，并且 $r_s > g$ 时，上式可简化为：

$$V_s = \frac{D_0 \times (1 + g)}{r_s - g} = \frac{D_1}{r_s - g} \tag{2-27}$$

其中，V_s 为普通股价值；D_0 为当前的股利；r_s 为年折现率；g 为固定的股利增长率。

4. 非固定增长股票的价值模型

在现实生活中，有的公司股利是不固定的。例如在一段时间里高速增长，在另一段时间里正常固定增长或固定不变。在这种情况下，就要分段计算，才能确定股票的价值。

（1）非固定增长后的零增长模型

该模型假设：初始阶段，股利增长率是不稳定或高速增长的；在后续阶段股利固定保持不变。

（2）非固定增长后的固定增长模型

该模型假设：初始阶段，股利增长率是不稳定或高速增长的；在后续增长阶段，股利增长率是稳定的，而且在可以预期的将来保持不变。

（三）普通股的期望报酬率

前面主要讨论如何估计普通股的价值，以判断某种股票被市场高估或低估。

现在，假设股票价格是公平的市场价格，证券市场处于均衡状态；在任一时点证券价格都能完全反映有关该公司的任何可获得的公开信息，而且证券价格对新信息能迅速地做出反应。在这种假设条件下，股票的期望报酬率等于其必要报酬率。

根据固定增长股利模型知道：

$$V_s = D_1/(r_s - g) \tag{2-28}$$

如果把公式移项整理，求 r_s ，可以得到：

$$r_s = D_1/V_s + g \tag{2-29}$$

这个公式就是股票期望报酬率模型。股票的总报酬率可以分为两个部分：第一部分是 D_1/V_s ，叫作股利收益率，它是根据预期现金股利除以当前股价计算出来的；第二部分是增长率 g ，叫作股利增长率。由于股利的增长速度也就是股价的增长速度，因此 g 可以解释为股价增长率或资本利得收益率。g 的数值可以根据公司的可持续增长率估计。V_s 为股票市场形成的价格，只要能预计出下一期的股利，就可以估计股东预期报酬率，在有效市场中它就是与该股票风险相适应的必要报酬率。

第四节　投资的智能决策

一、大数据在投资领域的应用

（一）大数据与企业内部投资

企业的目标是创造利润、谋求发展，占据更多的市场份额。企业会对内部进行投资，扩张企业规模，降低经营成本；利用大数据，企业可以分析当前的经营状况和行业发展趋势，做出符合自身发展的投资决策；此外，企业为了分散经营风险，拓展新领域，可以依靠大数据分析新领域是否会为企业带来收益；大数据的应用可以降低经营风险，有利于企业做出正确的投资决策。

1. 企业规模扩张

企业为了谋求发展，占有更多的市场份额，就需要进行规模扩张，然而，扩张的过程中要考虑是否达到适度规模，取得规模收益。因此，企业自我评估就显得格外重要。企业的规模是否合理是由经济状况、同行业竞争、市场需求、企业的生产水平等因素共同决定的。其中，企业的生产水平短时间内并不会轻易改变，但企业可以通过对结构和非结构历史大数据的综合分析，预测市场需求变化，判断整个行业的发展趋势，进一步结合政府政策、整个市场的经济环境、消费者的消费观念和生活水平等因素，利用大数据分析做出合理的销售预测。

企业有合理的销售预测作为基础，财务预测会更加精确。财务预测不仅要对资金做出规划和预测，还要考虑需求、价格、成本及各项资源的预测和规划；企业可以利用大数据对整个原材料的来源市场进行分析，包括分析材料的价格、供应商的经营状况、信用等，采取一定的标准对企业进行排序，从而挑选出适合的供应商，与多方合作分散单个合作者所带来的经营风险。

企业是否会取得持续良好的收益，很大程度上依赖市场需求。市场需求主要是由价格、消费者的生活水平、产品的替代性等因素决定的，故企业可根据历史数据分析价格对整个行业市场需求的影响。进而利用大数据对整个行业的平均成本进行分析，挑选本行业排名靠前的企业，分析它们的平均成本和资本结构等基本的财务数据，对比分析本企业在行业中所处的水平，从而发掘出企业的潜力和内在价值；结合现实因素做出适当的调整，提高竞争能力，综合多种因素，确定合适的价格。

大数据还提供全新的客户沟通渠道和公司营销手段，使了解客户的消费习惯和行为特征变得轻而易举，不仅省时省力，还利于及时、准确地把握市场营销效果。如今消费者更加追求个性化，未来这种趋势会更加明显，企业要以满足消费者需求为基本原则，利用大数据分析消费者的特征，采取弹性生产的方式，提高产品投资分配的合理性，提高资本的利用效率，既满足消费者需求，提高消费者黏性，又提高企业的收益，帮助企业提高运营效率，加快资本的流动。

2. 拓展新领域

新产业领域的投资，大数据应用更为重要。新产业领域是否会给企业带来新的发展机遇、提升企业的价值是未知的，因此，企业在进入新领域之前，要对经济形势进行预测，分析行业在其生命周期中所处的阶段，利用历史数据分析市场对整个行业的发展趋势的影响，评估行业的前景。

企业若决定进入该领域，可以挑选出该行业中与其规模相当的企业，分析它们的经营状况、重要的财务数据，并预测收益，对是否投资该领域进行决策，采取合适的资本结构。利用大数据才能更好地了解整个行业及经济运行的规律，寻找经营状况及信誉良好的上下游企业谋求合作，打造新领域的价值链，创造良好的经营生态环境，做出有利于企业发展的投资决策，共同创造收益。

因此，利用大数据分析多种因素对企业经营状况的影响，可以做出合理的销售预测，得到财务预测，才能更好地决定投资方案。

（二）大数据与企业外部投资

投资人进行投资是为了合理、有效地使用资金，降低资本的成本，获取更多的收益。投资人在外部投资更注重风险与收益，风险的来源很多，如市场风险、利率风险、经营风险、财务风险等。大数据分析，让投资者了解风险和收益，从而决定是否投资。

不同的投资方式带来的风险大小不同，获得的收益也不同，投资者会根据自己的偏好、承担风险的能力及期望收益进行选择。例如股权投资相较于债权投资风险更大，股权的收益不定，且债权优先于股权偿还。大数据可以协助投资者选择合适的投资组合和资产配置比例，降低投资风险。

1. 股权投资

当投资者看好企业的发展潜力和整个行业的发展前景，预计会带来期望收益时，投资者就会承担相应的风险进行股权投资。所以，投资者可以利用大数据对行业绩效进行短期的评估，包括销售、市场份额及行业投资，并结合当下经济发展主流、消费群体的消费理念和时代需求，对行业的短期绩效进行评估。分析行业竞争条件的特征，得出行业内在盈利的立足点，进一步分析出成长型企业、风险低的初创企业等。分析企业的基本财务数据及注解，可以更清楚地了解企业的财务状况，包括所用的会计方法、正经受的诉讼、收入如何确认等。

投资者可以利用大数据分析目标行业的发展趋势、市场需求、政府政策及市场饱和度，判定是否会达到预期收益、是否对该行业进行投资。如果看好行业的前景，可以利用大数据对该行业的企业进行分析，包括资本结构、重要财务数据、信用等级、市场占有份额、上游公司等因素；综合评估企业的价值和发展潜力，如果企业符合投资人的预期要求，投资者将会进行投资。

股权投资充满不确定性，高收益的同时要承担高风险，大数据为投资者提供了寻找最佳投资对象的工具，为投资者提供做出确定方案的依据。

2. 债权投资

作为债权人，利用大数据对相关活动的流动性数据进行实时和全程的监控分析，有利于提高数据的准确性，大大增强了风险控制能力，整合目标企业的资产负债、交易支付、流动性状况、纳税和信用记录等，对企业行为进行全面的评价，计算动态违约概率和损失率，提高投资决策的可靠性。

大数据分析该投资的风险与预期收益是否相当，可以利用数据预测未来风险的变化，得到合理的必要报酬率和期望报酬率。利用目标企业的历史和现有数据评判企业的信用等级和偿债能力，对各行业的企业进行相似的评估，选出合适的投资组合，进一步降低投资风险；并且尽可能地使收益最大化，这是人工所难以达到的。大数据对可靠数据的分析，使投资人尽量以较低风险获得较高收益，也使资源得到合理的配置。因此，大数据的利用可以降低投资风险，在低风险的情况下，取得合理的收益，使资源得到合理配置，提高资金的使用效率。

二、云计算在投资领域的应用

（一）云计算与企业内部投资

企业要营利，首先要对自身的发展有清晰的判断，包括是否应该进行企业规模的扩展和是否应该为企业在新领域拓展业务。利用云计算虚拟化的特点，企业内部的资源可以得到很好的整合和共享，为管理者判断自身企业的资产使用情况和发展状况提供便利。

1. 企业规模扩张

任何一家企业都有着促进自身企业规模扩张的欲望，从而获取更多的经济利润。不论是固定资产的更新还是厂房的扩建，其中都存在着不可避免的风险，而云计算可以做的就是最大限度地评估风险并比较风险和收益之间的大小关系，帮助企业做出决策，判断企业是否应该进行固定资产的更新及更新的数量。

企业的采购交易很大程度上决定了企业的生产成本和销售利润。传统的企业采购都是线下一对一进行的，效率低下而且不透明。借助云计算，企业的整个采购业务流程都可以在线上完成，既可以提升采购业务整体效率，又可以节约采购成本。另外，传统的采购供应链是一个个单独的链条，彼此之间并不关联，形成了巨大的信息孤岛，而在云模式下，采购交易将形成一种网状关系，供应商可以在其各个采购方之间实现协同，采购材料的企业也可以更快地获取反馈信息。

扩大生产规模之后，企业也要随之扩大销售规模。传统的营销模式下，上游企业往往把注意力集中在多渠道的连接上，但是在云环境下，上游企业可以很便捷地掌握终端客户需求和资金流，能够更快速地感知到市场变化，准确预测市场需求，更高效地组织渠道运作，发挥规模优势。因此，在云计算的服务模式下，上游企业可以直接面向终端市场的零售店提供商品和服务，这就意味着企业的买方市场得到了扩大。

2. 拓展新领域

企业除了需要进行自身的规模扩张外，还要时刻掌握市场动态，发现客户需求，进行新领域的业务拓展。而随着市场信息量的不断增大，企业对市场信息的把握越发困难。在云计算模式下，企业可以按照自身需求掌握多方位的信息，及时了解空白市场或者是市场尚未饱和的项目，早于其他企业占据市场份额；了解国家政府政治动向、相关经济政策，选择性投资于政府鼓励型项目；了解瞬息万变的社会文化变更，并借此开发相关周边产品，及时抓住消费者当下的消费需求。

另外，通过全面评估公有云平台和第三方软件即服务，企业能以前所未有的速度规划市场进入策略，同时，云计算还能够帮助企业根据速度、范围和反响情况迅速做出调整。即使没有跨行业的专业知识，也能很好地创建并利用专业合作伙伴生态圈指导自己的市场进入战略，这就意味着企业可以更加大胆地进入市场，而不用局限于传统的尝试模式。

（二）云计算与企业外部投资

当企业在自身规模处于一个合适的状态，并且有一部分可以流动的资金存在时，管理者往往会通过价值判断，选择合适的企业或个人，对某些项目进行企业的外部投资。但由于外部投资所固有的信息不对称性问题，如何选择投资项目一直都是一个十分考验决策者能力的问题。云计算技术可以将众多企业的信息进行互联、存储，并快速生成相应的子系统供用户调取，从而大大减小了投资者和被投资者之间的信息不对称问题。

1. 股权投资

利用云计算构建数据平台，依托于云计算强大的存储技术，可以构建一套完整的跨行业、多领域数据资产体系。也就是说，云计算可以使得各个企业的信息更加透明化，共享信息、开放互联将是市场发展的总体趋势。在此基础上，企业在选择是否投资之前，可以结合目前社会的流行趋势、消费者的主要需求、目标企业所透露财务信息等相关资料，对目标企业的经营状况、市场竞争力、营利能力进行判断，进而决定是否对其进行投资。通过将金融数值数据库、计算模型数据库等相关数据与云计算平台进行关联，调用数据库的数据和计算模型，利用云计算的分布式计算模式，较快得到如净现值、相关成本、资金周转情况等评价指标的数据，评估投资项目的风险情况和盈利情况。

2. 债权投资

相较于股权投资，债权投资最终以债务人还本付息的方式回收资本，企业所借出的那部分资本就是企业的资本成本，得到的利息就是企业的债权收益。因此，企业是否对外进行债权投资，更多的是要对企业的还款能力、信用等级进行判定。同时，只有该项债权投资的经济利润大于资本成本，才属于有效投资。

软件即服务可以为企业提供一个能力管理平台，提供业务和能力的全生命周期管理平台，包括能力可视化、业务模式分析、业务风险管控等，利用云计算，可以很好地对目标企业进行领域建模。也就是说，云计算可以帮助管理者科学地分析债权投资风险，为投资者提供决策依据。

三、人工智能在投资领域的应用

投资领域是能够与人工智能进行有机结合并产生价值的绝佳领域。就目前形势来看，投资领域已经被充分地数据化，为人工智能的应用提供了充分的数据基础，便于运用技术进行数据分析与处理；同时，投资领域的各个环节模式都较为固定且有规律可循，可以通过人工智能技术形成固定的步骤与模式。人工智能在投资领域的应用主要分为以下三个方面：自动生成报告、智能投资顾问和人工智能辅助。

1. 人工智能与自动生成报告

自动生成报告是人工智能在投资领域的重要应用之一，它可以通过自然语言处理技术，根据报告的普遍模板和格式，将传统的报告格式固定化，从而便利相关人员撰写报告，节约时间，提高投资行业工作效率。

投行业务需要撰写大量文书，这些文书工作往往具有固定的格式或模板，如研究报告、招股说明书、投资意向书等。这些报告的撰写通常需要花费投行工作者大量的时间和精力，但这类工作在很多情况下往往只是一些数据整理及文本替换的工作。由于格式较为固定，这些文书中的大量内容可以利用模板生成，如公司股权变更、会计数据变更等。人工智能依靠强大的智能数据处理和分析工具，应用自然语言理解和自然语言生成技术，根据操作者设置的检索条件，自动生成图文并茂的分析报告，在外观形式与内容表达上几乎与自然人创作的作品没有差别。

具体而言，自动生成报告主要有三个步骤：第一步是数据处理，通过爬虫等计算机程序对年报、时事新闻及数据、行业分析报告和法律公告等材料进行收集和整合；第二步是数据分析，运用知识图谱中常用的知识提取对实体新闻进行处理，提取逻辑主干，结合其他关键信息，再将其嵌入模板；第三步是生成报告，经过数据的分析处理，报告便可生成。如有必要，可以对自动生成的报告进行人工审核和微调。

2. 人工智能与智能投资顾问

智能投顾，是人工智能计算机基于客户自身投资理财需求，通过机器学习等技术来完成以往人工提供的投资理财顾问服务，根据客户的年龄、经济状况、实际需求等提供不同的方案。

传统的投资顾问模式需要高素质的理财顾问来帮助投资者规划符合其投资风险偏好、某一时期资金需求及某一阶段市场表现的投资组合，因此费用高昂，使用者往往局限在高净值人群中。智能投顾与传统的人类投顾相比具有透明度高、投资门槛低、个性化等独特优势。智能金融正在以一种人机结合的方式提供个性化的辅助决策工具。在逻辑链条形成的过程中，智能投顾以最少的人工干预方式帮助投资者进行资产配置及管理，让投资人更容易获得数据和分析层面的支持，从而将更多的精力投入更加重要的工作。借助计算机和量化交易技术，智能投顾平台可为经过问卷评估的客户提供量身定制的资产投资组合建议。

通常我们把利用人工智能技术辅助到投资领域的智能系统称为智能投顾系统。对应金融投资的不同业务阶段，所用到的智能系统的职责也大不相同。因此按照阶段出现了大类资产配置型智能投顾、投研分析类智能投顾、量化交易智能投顾三种类型的智能系统。

对应金融投资的不同业务阶段，所用到的智能系统的职责也大不相同。因此按照阶段出现了大类资产配置型智能投顾、投研分析类智能投顾、量化交易智能投顾三种类型的智能系统。

（1）大类资产配置型智能投顾

应用于销售前端的大类资产配置型智能投顾，主要是通过用户分析为客户解决大类资产配置问题。根据投资者的实际状况，如收入状况、年龄、投资目的、心理风险承受能力等因素来评估用户实际风险偏好，并推荐相对合理的投资组合建议，其投资标的主要为各类 ETF 基金，属于资产配置型的被动投资。

（2）投研分析类智能投顾

应用于投资分析阶段的投研型智能投顾，主要通过海量数据挖掘和逻辑链条解决投资研究的问题。

投研分析是数据分析。利用人工智能技术，可以帮助从业人员更快地从海量数据中发现不同信息的逻辑关系，从而更加精准快速地做出决策。

（3）量化交易智能投顾

主要通过人工智能手段取代交易员，应用于投资交易。量化投资通过对历史数据进行分析，借助一系列的数学方法进行归类和判断。

3. 人工智能辅助

人工智能辅助系统根据历史经验和新的市场信息可以更加准确地预测金融市场的走向，创建出更符合实际的最佳投资组合；人工智能助手还可以将问题与实践及市场动态结合起来，提供实时更新的研究辅助。

人工智能广泛应用之前，投资等活动都只能通过计算机来进行数据计算、观察数据走向等辅助。随着人工智能机器学习技术的不断推进，人工智能辅助系统可以根据历史经验和新的市场信息更加准确地预测金融市场的走向，整理出更符合实际的最佳投资组合。同时，结合自然语言搜索、用户界面图形化及云计算后，人工智能助手可以将问题与实践及市场动态结合，提供实时更新的研究辅助。此外，人工智能不会像人类一样受到情绪的影响，可以从根本上杜绝投资决策过程中恐惧、冲动和贪婪等非理性情绪因素的干扰。

当然人工智能辅助也存在一定的问题，如特殊事件发生时，机器学习和自然语言处理无法发挥出其相应的功能。这类特殊事件往往属于新型事件，人工智能系统无法从历史经验中找出相关模式，因此无法进行较为准确的预测与分析。如果让人工智能在这类事件发生时去进行投资分析，就存在很大的风险。

四、区块链在投资领域的应用

在企业的生存与发展过程中，企业的投资活动始终都是市场经济条件下企业财务活动的重要组成部分。无论是企业内部生产经营活动所形成的各项经济资源之间的现金流动，还是企业以现金实物或是购买有价证券、股票的方式，投资其他单位以期获得未来收益的经济行为，都是企业在金融领域中的投资活动。在投资领域中，区块链技术有着传统数据库与信息收集体系不可比拟的技术优势。因其在数据防篡改能力、信息公开透明、简化流程手续上有着明显的优势，所以区块链技术可广泛应用于对内投资、跨界投资、债券投资、股权投资等方面。

1. 区块链与对内投资

企业在进行生产经营活动时，不仅要面临企业的外部投资，对于企业内部的明星业务，或是新的可拓展业务同样需要投资。可拓展业务的出现往往意味着企业对内投资的新机遇。企业在进行对内投资前，需要对投资活动进行评估，除了企业拥有的固定资产和有形资产外，企业的无形资产也是进行投资评估的重要对象。无形资产通常是指企业拥有或控制没有实体形态的可辨认非货币性资产，其评估量化具有评估复杂、难以辨认、难以量化的特点。而区块链技术的优势刚好可以解决企业对内投资时无形资产评估困难的问题。区块链技术的强项是将以前无法量化，特别是跟互联网和数据有关的无形资产进行量化，从而实现可辨认、可评估。同时，区块链可以实现某些权益权属化、证券化或可交易，大大增强了这些权益的变现能力，从而让无形资产变为有形。企业可以根据量化后的无形资产对可拓展业务重新评估，从而更加准确、高效地进行对内投资。除此之外，区块链技术的运用，还可以将企业内部资产活动的交易记录数据化，从而精简业务流程，节约成本。对于企业重要的数据进行加密，其不可篡改的特性，为企业投资发展特色业务创造良好的空间。

2. 区块链与跨界投资

运用区块链技术能降低跨境金融支付的对账成本，提高效率，降低小额跨境支付的门槛。由于区块链技术的去中心化的特质，可以在不需要第三方中介机构的前提下，自行对账与清算，降低成本，提高效率。区块链所含有的共识机制能够有效解决分布式账本存在分歧、跨境双方难以达成共识的问题。通过共识机制确保交易的时间和流程，并通过时间戳记录在区块里，保证了交易顺序和共识性。规避了第三方中介机构舞弊和操纵交易牟利的可能性，降低了投资方跨境投资的成本。

3. 区块链与债券投资

在传统的债券投资体系中，债券的发行过程冗长、程序复杂，需要大量的中介机构参与其中。不仅如此，发行债券除了需要发行主体的信息外，还需要获取抵押品、担保人等信息，申报材料需要多个部门进行审核评估，其中所需要的大量手工作业和纸质材料，影响发行债券的效率。认购债券的投资方在对发行方债券进行认购时，所获得的信息的准确性和一致性无法得到保证，同样也造成了业务系统之间信息不对称的情况。区块链技术的出现为债券投资提供了新的解决方案。由于区块链中储存的数据具有不可篡改性，发行人提供的数据信息可以有效、可靠地储存在节点中，而不用担心数据存在被篡改的风险。这在保证了债券发行人信息的可靠性和真实性的同时，实现了信息的公开透明，避免了投资双方信息不对称而导致投资效率低下的问题。将债券申报评估环节部署到区块链上，可以大大降低债券申报成本，提高审核效率，降低监管难度。而区块链技术所具有的共识机制，可以确保不同账本节点上账本数据的一致性和正确性，实时更新债券的补充条款及事项，并对相应的阈值发出警报，有利于监督合约履行与投资者的自身权益，防范金融欺诈发生。

4. 区块链与股权投资

区块链技术可以有效提高首次公开发行透明度，降低信息不对称性。目前我国采用核准制开展首次公开募股，往往同一家券商兼任保荐人与承销人。保荐人目标在于规范发行工作，保证信息真实性；而承销人则以获取佣金为目的。这两种身份中存在一定程度的目标冲突，为上市发行欺诈创造了充足、合理的动机。在现有基础上为首次公开发行引入区块链技术，可将信息充分透明、公开化、去中心化，降低中介机构作用，规范发行市场，降低发行费用。不仅如此，区块链技术还可以规范私募股权交易市场，降低欺诈风险。在目前的股权交易过程中，非上市公司股权因缺少监管，缺乏信用中介机构对股权交易进行注册登记，因而存在违规变更股权、持有人信息不完全等问题。而通过区块链技术公开透明的特点，可以保证股权交易过程的透明度，防范金融欺诈，保证投资者的合法权益。通过拟定智能合约，投资者可以共享透明信息，顺利地进行股权交易。

第三章　融资管理及其智能决策

第一节　资本成本与结构

一、筹资管理概述

（一）筹资的定义

企业筹集资金，是指企业作为筹资主体，根据其生产经营、对外投资和调整资本结构等需要，通过筹资渠道和金融市场，采取适当的方式获取所需资金的活动。筹集资金是企业资金运作的起点，通过一定的渠道，采取适当的方式，组织资金的供应，是企业财务管理的一项重要内容。

对于大多数公司而言，主要的资金来源是它们从经营活动中产生的现金减去偿还现有债务（支付利息费用和偿还贷款）、交税及向股东支付股利使用的现金之后的净值。当内部产生的现金不足以维持现有资产及为所有可创造价值的新投资机会提供资金时，公司就必须以债务资本或权益资本形式从外部渠道筹集额外资金。借入资金的来源渠道包括银行贷款、租赁及向投资者出售债券等；权益的外部来源渠道包括向现有股东和新股东出售优先股、普通股等。

（二）筹资的目的

企业筹资最基本的目的是企业经营的维持和发展，为企业的经营活动提供资金保障，但每次具体的筹资行为，往往都会受特定动机的驱动。例如：为提高技术水平购置新设备而筹资；为对外投资活动而筹资；为产品研发而筹资；为解决资金周转临时需要而筹资；等等。各种具体的筹资原因，归纳起来表现为以下三类。

1. 满足企业经营活动的资金需要

在财务界有一个共识，即资金是企业的血液。这充分表明资金是企业开展生产经营活动的基本前提，而企业筹资活动可以为企业生产经营活动的正常开展提供资金保证。首先，企业设立时，要按照企业经营规模核定长期资本需要量和流动资金需要量，购建厂房设备等，安排铺底流动资金，形成企业的经营能力。此外，企业在开展经营活动过程中，经常会出现超出维持正常经营活动资金需求的季节性、临时性的交易支付需要，如原材料购买的大额支付、员工工资的集中发放、银行借款的提前偿还、股东股利的发放等。这些情况要求除了正常经营活动的资金投入以外，还需要通过经常的临时性筹资来满足经营活动的正常波动需求，维持企业的支付能力。

2. 满足企业投资活动的资金需要

企业维持简单再生产所需要的资金是稳定的，通常不需要或很少追加筹资，但处于成长期的企业，随着企业的发展壮大，往往会扩大经营规模、开展对外投资，因此需要大量追加筹资。扩张性的筹资活动，在筹资的时间和数量上都要服从于投资决策和投资计划的安排，避免资金的闲置和投资时机的贻误。因而扩张性筹资的直接结果，往往是企业资产总规模的增加和资本结构的明显变化。

3. 满足企业调整资本结构的需要

资本结构是指企业负债与资本的比例关系。资本结构调整的目的在于降低资本成本、控制财务风险、提升企业价值。企业通过筹资来调整资本结构的具体原因大致有以下两个：

一是优化资本结构，合理利用财务杠杆效应。一方面，债务资本比例过高，有较大的财务风险；另一方面，如果负债占总资产的比例过低，股权资本比例较大，企业的资本成本负担较重且会失去可能获得的杠杆利益。因此企业通过筹资可以增加股权或债务资金，达到调整、优化资本结构的目的。

二是偿还到期债务，债务结构内部调整。例如流动负债比例过大，使得企业近期偿还债务的压力较大，可以举借长期债务来偿还部分短期债务。又如一些债务即将到期，企业虽然有足够的偿债能力，但为了保持现有的资本结构，可以举借新债以偿还旧债。

在实务中，企业筹资的目的可能不是单纯和唯一的，通过追加筹资，既满足了经营活动、投资活动的资金需要，又达到了调整资本结构的目的。这类情况很多，可以归纳称为混合性的筹资目的。例如企业对外产权投资需要大额资金，其资金来源通过增加长期贷款或发行公司债券解决，这种情况既扩张了企业规模，又使得企业的资本结构有较大的变化。混合性筹资动机一般是基于企业规模扩张和调整资本结构两种目的，兼具扩张性筹资动机和调整性筹资动机的特性，同时增加了企业的资产总额和资本总额，也导致企业的资产结构和资本结构同时变化。

（三）筹资的分类

企业采用不同方式所筹集的资金，按照不同分类标准可分为不同的筹资类别。

1. 股权筹资与债务筹资

一般来说，企业最基本的筹资方式有两种：股权筹资和债务筹资。股权筹资形成企业的股权资金，通过吸收直接投资、公开发行股票等方式取得；债务筹资形成企业的债务资金，通过向银行借款、发行公司债券、利用商业信用等方式取得。至于发行可转换债券等筹集资金的方式，属于兼有股权筹资和债务筹资性质的混合筹资方式。

（1）股权筹资

股权资本亦称股权资金，是企业所有者投入企业和企业在生产经营期间积累的资金。根据我国的有关法规制度，企业的股权资本由实收资本（或股本）、资本公积、盈余公积和未分配利润组成。按照国际惯例，股权资本通常包括投入资本和留存收益两部分，它是企业依法取得并长期拥有，可以自主调配运用的资本。企业通过政府财政资本、其他法人资本、民间资本、企业内部资本和国外及我国港澳台地区资本等筹集渠道，采用吸收直接投资、发行股票、利用留存收益等方式筹集的资金都属于股权资本。

股权资本具有以下特点：

①股权资本的所有权归属于企业的所有者，所有者凭借其所有权参与企业的经营管理和利润分配，并对企业的经营状况承担有限责任。

②企业对股权资本依法享有经营权，企业及其经营者能长期占有和自主使

用。在企业存续期内，投资者除依法转让外，不得以任何方式抽回其投入的资本，因而股权资本被视为"永久性资本"。

（2）债务筹资

负债是企业所承担的、能以货币计量、须以资产或劳务偿付的债务。负债资金是指企业向银行、非银行金融机构、其他企业单位、居民个人等以负债的形式筹集的资金。从经济意义上来说，债务资金是债权人对企业的一种投资，债权人依法享有企业使用债务资金所取得的经济利益，它反映了债权人对企业的权益。负债资金的出资者是企业的债权人，对企业拥有债权，有权要求企业按期还本付息，但债权人无权参与企业经营管理和利润分配，对企业的经营状况不承担责任，因而债务资金具有较大的财务风险，但付出的资本成本相对较低。

一般通过银行信贷资金、非银行金融机构资金、其他企业单位资金、民间资金、外资资金等筹资渠道，采用银行借款、发行债券、商业信用等筹资方式筹集的资金属于企业的负债资金。

与股权筹资相比，债务筹资具有以下特点：

①债务筹资产生合同义务。筹资公司在取得资金的同时，必须承担规定的合同义务。这种义务包括在未来某一特定日期归还本金，以及支付本金之外的利息费用或票面利息。

②公司在履行上述义务时，归还债权人本息的请求权优先于股东的股利。

③提供债务资本的投资者，没有权利获得高于合同规定利息之外的任何收益。

由于债务筹资的上述特点，债务资本的提供者承担的风险显著低于股东，所以其期望报酬率低于股东，即债务的资本成本低于股权筹资。

正是由于股权筹资和债务筹资的资本成本和筹资风险不同，每个企业的权益资金与负债资金都应该存在一个合理的比例，因此合理安排权益资金和负债资金的比例关系是企业筹资管理的核心问题之一。

2. 直接筹资与间接筹资

按照是否以金融机构为媒介，企业筹资可分为直接筹资和间接筹资。

（1）直接筹资

直接筹资，是企业直接与资金供应者协商融通资金的筹资活动。直接筹资不需要通过金融机构来筹措资金，是企业直接从社会取得资金的方式。直接筹资方式主要有发行股票、发行债券、吸收直接投资等。直接筹资方式既可以筹集股权资金，也可以筹集债务资金。按法律规定，公司股票、公司债券等有价证券的发行需要通过证券公司等中介机构进行，但证券公司所起到的只是承销的作用，资金拥有者并未向证券公司让渡资金使用权，因此发行股票债券属于直接向社会筹资。相对来说，直接筹资的筹资手续比较复杂，筹资费用较高；但筹资领域广阔，能够直接利用社会资金，有利于提高企业的知名度和资信度。

（2）间接筹资

间接筹资，是企业借助银行等金融机构融通资金的筹资活动。在间接筹资方式下，银行等金融机构发挥中介作用，预先筹集资金，资金拥有者首先向银行等金融机构让渡资金的使用权，然后由银行等金融机构将资金提供给企业。间接筹资的基本方式是银行借款，此外有融资租赁等方式。间接筹资形成的主要是债务资金，主要用于满足企业资金周转的需要。间接筹资手续相对比较简便、筹资效率高、筹资费用较低，但容易受金融政策的制约和影响。

二、资本成本

（一）资本成本概述

1. 资本成本的含义

资本成本是衡量资本结构优化程度的标准，也是对投资获得经济收益的最低要求，通常用资本成本率表示。一般来说，资本成本是指投资资本的机会成本。这种成本不是实际支付的成本，而是一种失去的收益，是将资本用于本项目投资所放弃的其他投资机会的收益，因此被称为机会成本。例如投资人投资于一个公司的目的是取得回报，他是否愿意投资特定企业要看该公司能否提供更多的报酬。为此，他需要比较该公司的期望报酬率与其他等风险投资机会公司的期望报酬率。如果该公司的期望报酬率高于所有的等风险投资机会公司的期望报酬率，他就会投资该公司。他放弃的其他投资机会的收益就是投资本公司的成本。因此，资本成本也称为投资项目的取舍率、最低可接受的报酬率。企业所筹得的资本付诸使用以后，只有项目的投资报酬率高于资本成本率，才表明所筹集的资本取得了较好的经济效益。

资本成本是指企业为筹集和使用资本而付出的代价，包括筹资费用和占用费用。资本成本是资本所有权与资本使用权分离的结果。对出资者而言，由于让渡了资本使用权，必须要求取得一定的补偿，资本成本表现为让渡资本使用权所带来的投资报酬。对筹资者而言，由于取得了资本使用权，必须支付一定的代价，资本成本表现为取得资本使用权所付出的代价。资本成本可以用绝对数表示，也可以用相对数表示。用绝对数表示的资本成本，主要由以下两个部分构成：

一是筹资费用，是指企业在资本筹措过程中为获取资本而付出的代价，如向银行支付的借款手续费，因发行股票、公司债券而支付的发行费等。筹资费用通常在资本筹集时一次性发生，在资本使用过程中不再发生，因此，视为筹资数额的一项扣除。

二是占用费用，是指企业在资本使用过程中因占用资本而付出的代价，如向银行等债权人支付的利息、向股东支付的股利等。占用费用是因为占用了他人资金而必须支付的，是资本成本的主要内容。

2. 资本成本的类型

资本成本的概念主要包括三个方面：个别资本成本、项目资本成本和公司资本成本。

个别资本成本是指单一融资方式本身的资本成本，包括银行借款资本成本、公司债券资本成本、融资租赁资本成本、优先股资本成本、普通股资本成本和留存收益资本成本等，其中前三类是债务资本成本，后三类是权益资本成本。个别资本成本的高低，用相对数即资本成本率表达。

此外，资本成本的概念包括两个方面：一方面，资本成本与公司的投资活动有关，它是投资所要求的必要报酬率，即投资的成本；另一方面，资本成本与公司的筹资活动有关，它是公司募集和使用资金的成本，即筹资的成本。这两个方面既有联系也有区别。为了加以区分，我们称前者为项目资本成本，后者为公司资本成本。

项目资本成本是公司投资于资本支出项目所要求的必要报酬率。因为不同投资项目的风险不同，所以它们的最低报酬率不同。风险高的投资项目要求的报酬率较高，风险低的投资项目要求的报酬率较低。作为投资项目的资本成本即项目的必要报酬率，其高低主要取决于资本运用于什么样的项目，而不是从哪里筹资。

公司资本成本是指投资者预计可从公司购买和管理的所有资产中获取的收益率，是投资人针对整个公司要求的报酬率，或者说是投资者对于企业全部资产要求的必要报酬率，它属于为这些资产提供融资的投资者，而不属于其他人。因而，这个收益率应该等于债权人和股东期望的收益率，按照他们各自投资于这些资产的比例加权得到的平均数。换言之，公司的资本成本应该等于来自不同渠道资金成本的加权平均数。

3. 资本成本的用途

（1）用于筹资决策

各种资本的资本成本率，是比较、评价各种筹资方式的依据。在评价各种筹资方式时，一般会考虑的因素包括对企业控制权的影响、对投资者吸引力的大小、融资的难易和风险、资本成本的高低等，而资本成本是其中的重要因素。在其他条件相同时，企业筹资应选择资本成本最低的方式。

（2）用于投资决策

任何投资项目，如果它预期的投资报酬率超过该项目使用资金的资本成本率，则该项目在经济上就是可行的。因此，资本成本率是企业用以确定项目要求达到的投资报酬率的最低标准。

（3）用于企业价值评估

企业财务管理目标是企业价值最大化，企业价值是企业资产带来的未来现金流量的贴现值。计算企业价值时，经常采用企业的平均资本成本作为贴现率，当平均资本成本最小时，企业价值最大，此时的资本结构是企业理想的资本结构。

（4）用于企业整体业绩评价

一定时期企业资本成本率的高低，不仅反映企业筹资管理的水平，还可作为评价企业整体经营业绩的标准。企业的生产经营活动，实际上就是所筹集资本经过投放后形成资产的营运，企业的总资产税后报酬率应高于其平均资本成本率，这样才能带来剩余收益。

（二）资本成本的影响因素

在市场经济环境中，多方面因素的综合作用决定着企业资本成本的高低，其中主要有市场利率、市场风险溢价、税率、资本结构、股利政策和投资政策。这些因素发生变化时，就需要调整资本成本。

1. 外部因素

（1）市场利率

市场利率上升，公司的债务成本会上升，因为投资人的机会成本增加了，公司筹资时必须付给债权人更多的报酬。根据资本资产定价模型，利率上升也会引起普通股和优先股的成本上升。个别公司无法改变利率，只能被动接受。资本成本上升，投资的价值会降低，抑制公司的投资。利率下降，公司资本成本也会下降，会刺激公司投资。

（2）市场风险溢价

市场风险溢价由资本市场上的供求双方决定，个别公司无法控制。根据资本资产定价模型可以看出，市场风险溢价会影响股权成本。

（3）税率

税率是政府政策，个别公司无法控制。税率变化直接影响税后债务成本及公司加权平均资本成本。此外，资本性收益的税务政策发生变化，会影响人们对于权益投资和债务投资的选择，并间接影响公司的最佳资本结构。

2. 内部因素

（1）资本结构

在计算加权平均资本成本时，我们假定公司的目标资本结构已经确定。企业改变资本结构时，资本成本会随之改变。增加债务的比重，会使平均资本成本降低，同时会加大公司的财务风险。财务风险的提高，又会引起债务成本和股权成本上升。因此，公司应适度负债，寻求资本成本最小化的资本结构。

（2）股利政策

股利政策影响净利润中分配给股东的比例。根据股利折现模型，它是决定股权成本的因素之一。公司改变股利政策，就会引起股权成本的变化。

（3）投资政策

公司的资本成本反映现有资产的平均风险。如果公司向高于现有资产风险的新项目大量投资，公司资产的平均风险就会提高，并使得资本成本上升。因此，公司投资政策发生变化时资本成本就会发生变化。

三、资本结构

（一）资本结构的相关理论

资本结构是指企业各种长期资金筹集来源的构成和比例关系。短期资金的需要量和筹集随着企业经营状况的变化而发生变化，在整个资金总量中所占的比重不稳定，因此不列入资本结构管理范围，而作为营运资金管理。

资本结构可以通过以下两种方法表示：一是杠杆比率，表示长期负债与股东权益之间的比例关系。一般情况下，长期债务资本与权益资本构成企业的长期资本，因此资本结构问题可以被认为讨论长期债务资本占企业全部资本的比例问题。二是负债比率，表示长期负债资本与企业价值之间的比例关系。企业应将各方面的影响因素都纳入考虑，采取适当的方法确定适合企业的最佳资本结构，并保持相对稳定不变。即使企业目前未达到合理的资本结构，也可以通过调整融资方式组合，使其趋于合理化。

1. 净收益理论

净收益理论认为，利用债务可以降低企业的综合资本成本，负债程度越高，企业的综合资本成本越低，企业价值越大。该理论主要基于以下两个基本假设：一是债务资本成本和权益资本成本均不受财务杠杆的影响，无论负债程度多高，企业的债务资本成本和权益资本成本都不会变化；二是在企业的筹资方式中，长期债务成本总是低于权益资本成本。这样，当负债比率达到100%时，企业价值将达到最大。

净收益理论是一种极端的资本结构理论观点。该理论虽然考虑到负债的财务杠杆收益，但忽略了负债的财务风险因素，认为负债对企业总是有利的，负债为100%时，企业价值最大。这种结论与现实是不相符的。事实上，如果企业的负债比率过高，企业的综合平均资本成本就会上升，企业的价值反而下降。

2. 净营业收益理论

净营业收益理论认为，不论负债比率如何变化，企业的综合资本成本总是保持不变的，资本结构与企业的价值无关，决定企业价值高低的关键要素是企业的净营业收益。如果企业增加成本较低的债务资金，即使债务成本不变，但加大了股东承担的风险，权益资本要求的报酬率也会随之上升；又因为负债的成本总是低于权益资本的成本，负债比重上升对降低综合资本成本的好处恰好被上升的权益资本成本所抵消。因此，资本结构的变化不会影响企业的综合资本成本，也不会影响公司的总价值，企业总价值的大小总是取决于企业的净营业收益。

净营业收益理论是另一种极端的资本结构理论观点。该理论虽然认识到负债有可能产生财务风险，也可能影响企业权益资本的成本，但实际上企业的综合资本成本不可能是一个常数。企业净营业收益的确会影响企业价值，但企业价值不仅仅取决于净营业收益的多少。对净营业收益理论的讨论纯粹是定义性的，缺乏行为方面的现实意义。

3. 传统理论

传统理论也称折中理论，是对上述净收益理论和净营业收益理论的一种折中理论。该理论认为，企业利用财务杠杆尽管会导致权益资本成本的上升，但在一定程度内不会完全抵消因利用成本相对较低的债务所带来的好处，从而使综合资本成本下降，企业总价值上升。但是，超过一定程度地利用财务杠杆，权益资本成本的上升就会完全抵消并超过使用债务带来的好处，企业的综合资本成本开始上升。一旦债务成本也开始上升，并和权益资本成本的上升共同作用，综合资本成本就会加快上升，从而使企业价值降低。综合资本成本从下降变为上升的转折点，是综合资本成本的最低点，这时的负债比率就是企业的最优资本结构。因此，企业可以通过选择适当的负债比率来提高企业的总价值。

4. 优序融资理论

优序融资理论是当企业存在融资需求时，首先选择内源融资，其次选择债务融资，最后选择股权融资。优序融资理论解释了当企业内部现金流不足以满足经营性长期资产总投资的资金需求时，更倾向于债务融资而不是股权融资。优序融资理论揭示了企业筹资时对不同筹资方式选择的顺序偏好。

优序融资理论是在信息不对称框架下研究资本结构的一种分析。这0里的信息不对称是指企业内部管理层通常要比外部投资者拥有更多、更准确的关于企业的信息。在这种情况下，企业管理层的许多决策，如筹资方式选择、股利分配等，不仅具有财务上的意义，而且向市场和外部投资者传递着信息。外部投资者只能通过管理层的这些决策所传递出的信息了解企业未来收益预期和投资风险，间接地评价企业价值。企业债务比例或资本结构就是一种把内部信息传递给市场的工具。

在信息不对称的情况下，如果外部投资者掌握的关于企业资产价值的信息比企业管理层掌握的少，那么企业权益的市场价值就可能被错误地定价。当企业股票价值被低估时，管理层将避免增发新股，而采取其他融资方式筹集资金，如内源融资或发行债券；而在企业股票价值被高估时，管理层将尽量通过增发新股为新项目融资，让新的股东分担投资风险。

既然投资者担心企业在发行股票或债券时价值被高估，经理人员在筹资时为摆脱利用价值高估进行外部融资的嫌疑，尽量以内源融资方式从留存收益中筹措项目资金。如果留存收益的资金不能满足项目资金需求，有必要进行外部融资时，在外部债务融资和股权融资之间总是优先考虑债务融资，这是因为投资者认为企业股票被高估的可能性超过了债券。因此，企业在筹集资本的过程中，遵循着先内源融资后外源融资的基本顺序。在需要外源融资时，按照风险程度的差异，优先考虑债务融资，不足时再考虑权益融资。

优序融资理论只是考虑了信息不对称与逆向选择行为对融资顺序的影响，解释了企业筹资时对不同筹资方式选择的顺序偏好，但该理论并不能够解释现实生活中所有的资本结构规律。

（二）资本结构的影响因素

长期有息债务与权益资本的组合形成了企业的资本结构。债务融资虽然可以实现抵税收益，但在增加债务的同时也会加大企业的风险，并最终要由股东承担风险的成本。因此，企业资本结构决策的主要内容是权衡债务的收益与风险，实现合理的目标资本结构，从而实现企业价值最大化。

而在实际工作中，准确地确定最佳资本结构几乎是不可能的，影响资本结构的因素较为复杂，因此任何资本结构量化分析都必须综合考虑影响资本结构的各种因素来确定一个合理的资本结构。

影响企业资本结构的基本因素主要包括以下七个方面。

1. 企业销售的增长情况

预计销售的增长率，决定财务杠杆在多大程度上扩大每股收益。如果销售以较快的速度增长，使用具有固定利息费用的债务筹资，就会增加普通股的每股收益。销售的稳定性对资本结构也有重要影响。如果企业的销售比较稳定，则可较多地负担固定的利息费用；如果销售和盈利有周期性，则负担固定的利息费用将冒较大的财务风险。

2. 企业所有者和管理人员的态度

企业资本结构的决策最终是由股东和管理当局做出的，一个企业的股票如果被众多股东所持有，谁也没有绝对的控制权，这个企业可能会更多地采用发行股票的方式来筹集资金，因为企业股东并不担心控制权的旁落；反之，有的企业被少数股东所控制，股东们很重视控制权问题，企业为了保证少数股东的绝对控制权，一般尽量避免普通股筹资，而是采用优先股或负债方式筹资。管理当局对待风险的态度，也是影响资本结构的重要因素。如果管理当局喜欢冒险，可能会安排比较高的负债比例；反之，一些持稳健态度的管理人员则会使用较少的债务。

3. 贷款人和信用评级机构的影响

一般而言，企业管理当局往往会与贷款人和信用评级机构商讨企业的财务结构，并充分尊重他们的意见。大部分贷款人不希望企业的负债比例太大。如果企业坚持使用过多的债务，则贷款人可能拒绝贷款。同样，如果企业债务太多，信用评级机构可能会降低企业的信用等级，这样会影响企业的筹资能力，提高企业的资本成本。

4. 企业的财务状况

获利能力越强、财务状况越好、变现能力越强的企业，就越有能力负担财务上的风险。因而，随着企业变现能力、财务状况和营利能力的增进，举债筹资就越有吸引力。当然，有些企业因为财务状况不好，无法顺利发行股票，只好以高利率发行债券来筹集资金或根本就筹集不到资金。

5. 资产结构

资产结构会以多种方式影响企业的资本结构：①拥有大量固定资产的企业主要通过长期负债和发行股票筹集资金；②拥有较多流动资产的企业，更多地依赖流动负债来筹集资金；③资产适用于抵押贷款的企业举债金额较多，如房地产企业的抵押贷款就相当多；④以技术研究开发为主的企业则负债很少。

6. 所得税税率的高低

企业利用负债可以获得减税利益，因此所得税税率越高，负债的好处越多；反之，如果税率很低，则采用举债方式的减税利益就不十分明显。

7. 利率水平的变动趋势

如果企业管理当局认为利息率暂时较低，但不久的将来有可能上升，便会大量发行长期债券，从而在以后的若干年内把利率固定在较低水平上。

另外，企业所在的行业不同和企业规模的大小，也会影响企业的资本结构。企业管理当局，特别是财务管理人员应在认真分析以上各种因素对企业资本结构影响的基础上，根据经验来确定企业的资本结构。

（三）资本结构决策的分析方法

适当利用负债可以降低公司资本成本，但当债务比率过高时，杠杆利益会被债务成本抵消，公司面临较大财务风险。因此，企业应该确定其最佳的债务比率（资本结构），使加权平均资本成本最低，企业价值最大。每个公司都处于不断变化的经营条件和外部经济环境中，使得确定最佳资本结构十分困难。资本结构决策分析有不同的方法，常用的方法有资本成本比较法与每股收益无差别点法。

1. 资本成本比较法

企业选择最优的资本结构，就是比较不同资本结构方案的综合资本成本。一般情况下，综合资本成本最低的资本结构就是企业最优的资本结构。采用资本成本比较法确定企业最优资本结构，可分为企业初始筹资和追加筹资两种情况进行说明。

（1）初始筹资时最优资本结构的确定

企业在初始筹资时，一般根据需要筹集的资本总额，选择采用多种筹资方式。不同筹资方式，其资本成本不同，通过确定不同的资本构成比例，可比较计算不同资本结构下的综合资本成本，综合资本成本最低的资本结构即最优的资本结构。

（2）追加筹资时最优资本结构的确定

追加筹资不仅引起企业资本总量的变化，还可能引起各种筹资方式资本成本的变化，尤其是在增加负债筹资时，由于财务风险的增大，投资者要求的投资报酬率也随之提高，这必然引起各种筹资方式资本成本的上升。

资本成本比较法仅以资本成本最低为选择标准，因测算过程简单，是一种比较便捷的方法。但这种方法只是比较了各种融资组合方案的资本成本，难以区别不同融资方案之间的财务风险因素差异，在实际计算中有时也难以确定各种融资方式的资本成本。

2. 每股收益无差别点法

当企业因扩大经营规模需要筹措长期资本时，一般可供选择的筹资方式有普通股融资、优先股融资与长期债务融资。前面财务杠杆原理解释了当企业选择具有固定性融资成本的融资方式时会存在杠杆效应，且财务杠杆系数越大，财务风险也越大。由于财务杠杆更多是关注息税前利润的变化程度引起每股收益变动的程度，主要应用于具有不同债务融资规模或比率方案的财务风险比较，显然相对于单纯比较资产负债率或产权比率等债务比率来判断财务风险具有更好的说服力。但如果想解决在某一特定预期盈利水平下的融资方式选择问题，特别是在长期债务融资与普通股融资之间进行选择时，因全部融资为普通股时不存在财务杠杆效应，可以运用每股收益无差别点法。每股收益无差别点为企业管理层解决在某一特定预期盈利水平下是否应该选择债务融资方式问题提供了一个简单的分析方法。

每股收益无差别点法是在计算不同融资方案下企业的每股收益相等时所对应的盈利水平基础上，通过比较在企业预期盈利水平下的不同融资方案的每股收益，进而选择每股收益较大的融资方案。显然，基于每股收益无差别点法的判断原则是比较不同的融资方式能否给股东带来更大的净收益。

无差别点的计算公式如下：

$$\text{EPS} = \frac{(\text{EBIT} - I_i)(1 - T) - \text{PD}_i}{N} = \frac{(\text{EBIT} - I_i)(1 - T) - \text{PD}_i}{N} \quad (3\text{-}1)$$

其中，EBIT 为每股收益无差别时的息税前利润；I_i 为第 i 年年利息支出；T 为企业所得税税率；PD_i 为第 i 年支付的优先股股利；N 为筹资后流通在外的普通股股数。

3. 企业价值比较法

以上我们以每股收益的高低作为衡量标准对筹资方式进行了选择。这种方法的缺陷在于没有考虑风险因素。从根本上讲，财务管理的目标在于追求企业价值的最大化或股价最大化。然而，只有在风险不变的情况下，每股收益的增长才会直接导致股价上升。实际上，经常是随着每股收益的增长，风险也加大。如果每股收益的增长不足以补偿风险增加所需的报酬，尽管每股收益增加了，股价仍然会下降。所以说到底，企业的最佳资本结构应当是可使企业的总价值最高，而不一定是每股收益最大的资本结构。同时，在企业总价值最大的资本结构下，企业的资本成本也是最低的。

衡量企业价值的一种合理的方法如下：企业的市场价值 V 等于其股票的市场价值 S 加上长期债务的价值 B 加上优先股的价值 P，即

$$V = S + B + P \tag{3-2}$$

为简化起见，设长期债券和优先股的市场价值等于它的面值。股票的市场价值可通过下式计算：

$$S = \frac{(\mathrm{EBIT} - I)(1 - T) - \mathrm{PD}}{r_s} \tag{3-3}$$

其中，EBIT 为息税前利润；I 为年利息额；T 为公司所得税税率；r_s 为权益资本成本；PD 为优先股股息。

r_s 采用资本资产定价模型计算：

$$r_s = r_{\mathrm{RF}} + \beta(r_m - r_{\mathrm{RF}}) \tag{3-4}$$

企业的资本成本则应采用加权平均资本成本 r_{WACC} 来表示，在不考虑优先股的情况下，公式为：

$$r_{\mathrm{WACC}} = r_d(1 - T) \times \frac{B}{V} + r_s \times \frac{S}{V} \tag{3-5}$$

其中，r_d 为税前债务资本成本。

第二节　融资方式与融资渠道

一、债务融资

长期负债是指偿还期在一年或一个营业周期以上的债务，主要有长期借款、

应付债券、长期应付款等。长期负债与流动负债相比，具有数额较大、偿还期限较长的特点。目前，在我国，长期债务融资主要有长期借款、长期债券、融资租赁等方式。

（一）长期借款

长期借款是指企业向银行或其他金融机构借入的期限在 1 年以上（不含 1 年）的各项借款。

1. 长期借款的优点

长期借款是企业经常采用的一种筹资方式。它有以下优点。

（1）筹资速度快

发行各种证券筹集资金所需时间一般较长。做好证券发行的准备，如印制证券、申请批准、证券发行等都需要一定时间。而银行借款与发行证券相比，一般所需时间较短，可以迅速地获取资金。

（2）筹资成本低

利用银行借款所支付的利息比发行债券所支付的利息要低，比发行普通股的资本成本低。另外，无须支付大量的发行费用。

（3）借款弹性好

企业与银行可以直接接触，可通过当面商谈确定借款的时间、数额和利率。在借款期间，如果企业情况发生变化可与银行进行协商，修改借款的数量和条件。借款到期后，如有正当理由还可延期归还。

2. 长期借款的缺点

（1）财务风险较大

企业向银行借款，必须定期还本付息，在经营状况不佳时，可能产生不能偿付的风险，甚至导致破产。

（2）限制条件较多

企业与银行签订的借款合同中，一般都有一些限制条款，如不准改变借款用途、限制企业借入其他长期资金等，这些条款可能会妨碍企业的筹资、投资活动。

（3）筹资数额有限

银行一般不愿借出巨额的长期借款，因此银行借款不像发行股票、债券那样可以一次筹集到大笔资金。

（二）长期债券

企业债券又称公司债券，是企业依照法定程序发行的、约定在一定期限内还本付息的有价证券，是持券人拥有公司债权的证书。它代表持券人同公司之间的债权债务关系。以下所讲的债券指的是企业发行的期限超过1年的公司债券，主要用于一些期限较长的建设项目的建设资金。

1. 债券发行

企业发行债券的方式按发售过程分为直接募集和间接募集。直接募集是指由债券发行者直接在市场上经办一切发行业务，承办债券发行的具体手续。而间接募集则是指以银行和其他证券经营机构为媒介发行债券，由它们包销或助销全部债券。银行和其他证券经营机构具有发行债券的丰富经验，发行债券影响大、筹集资金速度快、效果较好。按募集对象可将企业发行债券的方式分为私募发行和公募发行。私募发行是企业以特定的少数投资者为对象发行债券，而公募发行则是在证券市场上以非特定的广大投资者为对象公开发行债券。

2. 决定债券发行价格的基本因素

债券发行价格的高低取决于以下四项因素。

（1）债券面值

债券售价的高低从根本上取决于面值大小，面值是企业将来归还的数额，而售价是企业现在收到的数额。如果不考虑利息因素，从资金时间价值考虑，企业应按低于面值的售价出售，即按面值进行贴现收取债券价款。

（2）票面利率

债券利息是企业在债券发行期内付给债券购买者的，票面利率越高，则售价也越高。

（3）市场利率

市场利率是衡量票面利率高低的参照指标，市场利率越高，债券售价越低。

（4）债券期限

债券发行的起止日期越长，则风险越大、售价越低。

3. 债券发行价格的确定

企业债券通常是按债券的面值出售的，称为平价发行，但是在实践中往往要按低于或高于债券面值的价格出售，即折价发行或溢价发行。这是因为票面利率是参照市场利率制定的，市场利率经常变动，而票面利率一经确定就不能变更。在从决定债券发行、开印到债券发售的期间，如果市场利率较前有变化，就要依靠调整发行价格（折价或溢价）调节债券购销双方的利益。

从资金时间价值来考虑，债券的发行价格由两部分组成：①债券到期还本面额的现值；②债券各期利息的年金现值。计算公式如下：

$$债券售价 = \frac{债券面值}{(1 + 市场利率)^n} + \sum_{t=1}^{n} \frac{债券面值 \times 票面利率}{(1 + 市场利率)^t} \tag{3-6}$$

其中，n 为债券期限；t 为付息期数；市场利率为债券发售时的市场利率。

4. 发行债券筹资的优点

发行企业债券是企业筹集借入资金的重要方式。其优点主要包括以下三个方面。

（1）资本成本较低

债券的利息通常比股票的股利要低，而且债券的利息按规定是在税前支付，发行公司可享受减税利益，故企业实际负担的债券成本明显低于股票成本。

（2）具有财务杠杆效应

债券成本固定，不论企业盈利多少，债券持有人只收取固定的利息，而更多的利润可分配给股东，增加其财富，或留归企业用以扩大经营。

（3）可保障控制权

债券持有人无权参与公司的管理决策，企业发行债券不会像增发新股票那样可能分散股东对公司的控制权。

（三）融资租赁

1. 融资租赁和经营租赁

企业资产的租赁按其性质有经营租赁和融资租赁两种。

①经营租赁是由租赁公司在短期内向承租人提供设备并提供维修、保养、人员培训等的一种服务性业务，又称服务性租赁。承租单位支付的租赁费除租金外还包括维修、保养、人员培训等费用，经营租赁所付的租赁费可在成本中列支。经营租赁的主要目的是解决企业短期、临时的资产需求问题，但从企业不必先付款购买设备即可享有设备使用权来看，也有短期筹资的作用。

经营租赁的特点主要有以下三点：A. 租赁期较短，一般短于资产有效使用期的一半；B. 设备的维修、保养由租赁公司负责；C. 租赁期满或合同终止后，出租资产由租赁公司收回。经营租赁比较适用于租用技术过时较快的生产设备。

②融资租赁是由租赁公司按承租单位要求出资购买设备，在较长的契约或合同期内提供给承租单位使用的信用业务。一般借贷的对象是资金，而融资租赁的对象是实物，融资租赁是融资与融物相结合、带有商品销售性质的借贷活动，是企业筹集资金的一种方式。

按照我国的会计准则，满足以下一项或数项标准的租赁属于融资租赁：在租赁期届满时，租赁资产的所有权转移给承租人；承租人有购买租赁资产的选择权，所订立的购买价格预计将远低于行使选择权时租赁资产的公允价值，因而在租赁开始日就可以合理地确定承租人将会行使这种选择权；租赁期占租赁资产可使用年限的大部分（通常解释为等于或大于75%）；租赁开始日最低租赁付款额的现值几乎相当于（通常解释为等于或大于90%）租赁开始日租赁资产的公允价值；租赁资产性质特殊，如果不做重新改制，只有承租人才能使用。除融资租赁以外的租赁，全部都归入经营租赁。

2. 融资租赁租金的计算

（1）租金的支付方式

租金的支付方式也影响每期租金的多少，一般而言，租金支付次数越多，每次的支付额越小。支付租金的方式通常有如下三种。

①按支付间隔期长短分为年付、半年付、季付和月付。

②按在期初和期末支付分为先付和后付。

③按每次是否等额支付分为等额支付和不等额支付。

实务中，承租人与租赁公司商定的租金支付方式大多为后付等额年金。

（2）确定租金的方法

租金的计算方法很多，我国融资租赁实务中大多采用平均分摊法和等额年金法。

①平均分摊法。平均分摊法是先以商定的利息率和手续费率计算出租赁期间的利息和手续费，然后连同设备成本按支付次数平均计算。这种方法没有充分考虑资金时间价值因素。每次应付租金的计算公式可列示如下：

$$R = \frac{(C - S) + I + F}{N} \qquad (3-7)$$

其中，R 为每次支付的租金；C 为租赁设备购置成本；S 为租赁设备预计残值；I 为租赁期间利息；F 为租赁期间手续费；N 为租期。

②等额年金法。等额年金法是运用年金现值的计算原理计算每期应付租金的方法。在这种方法下，通常要根据利率和手续费率确定一个租费率作为贴现率。

后付租金的计算。后付年金的计算公式如下：

$$PVA_0 = A \times PVIFA_{i, n} \qquad (3-8)$$

经推导，可求得后付租金方式下每年年末支付租金数额的计算公式如下：

$$A = PVA_0 \div PVIFA_{i, n} \qquad (3-9)$$

其中，A 为年金，即每年支付的租金；PVA_0 为年金现值，即等额租金现值；$PVIFA$ 为年金现值系数；n 为支付租金期数；i 为租费率。

3. 租赁的决策分析

财务管理主要从融资角度研究租赁，把租赁视为一种融资方式，无论经营租赁还是融资租赁都是"租赁融资"。如果租赁融资比其他融资方式更有利，则应优先考虑租赁融资。

财务管理主要研究承租人的决策分析（出租人的租赁分析是投资学的研究内容）。

（1）租赁分析的主要程序

租赁分析的主要程序如下：

①分析是否应该取得一项资产。这是租赁分析的前置程序。承租人在决定是否租赁一项资产之前，先要判断该项资产是否值得投资。这一决策通过常规的资本预算程序完成。通常，确信投资于该资产有正的净现值之后才会考虑如何筹资问题。

②分析公司是否有足够的现金用于该项资产投资。通常，运行良好的公司没有足够的多余现金用于固定资产投资，需要为新的项目筹资。

③分析可供选择的筹资途径。筹资的途径包括借款和发行新股等。租赁是可供选择的筹资途径之一。租赁和借款对于资本结构的影响类似，1元的租赁等于1元的借款。如果公司拟通过借款筹资，就应分析借款和租赁哪个更有利。

④利用租赁分析模型计算租赁净现值。根据财务的基本原理，为获得同一资产的两个方案，现金流出的现值较小的方案是好方案。如果租赁方式取得资产的现金流出的总现值小于借款筹资，则租赁有利于增加股东财富。因此，租赁分析的基本模型如下：

租赁净现值=租赁的现金流量总现值-借款购买的现金流量总现值(3-10)

应用该模型的主要问题是预计现金流量和估计折现率。预计现金流量包括以下四种：A. 预计借款筹资购置资产的现金流；B. 与可供选择的出租人讨论租赁方案；C. 判断租赁的税务性质；D. 预计租赁方案的现金流。估计折现率是个有争议的复杂问题，实务中大多采用简单的解决办法，即采用有担保债券的税后利率作为折现率，它比无风险利率稍微高一些。

⑤根据租赁净现值及其他非计量因素，决定是否选择租赁。

（2）租赁分析的折现率

估计折现率是个有争议的复杂问题。从原则上说，折现率应当体现现金流量的风险，租赁涉及的各种现金流风险并不同，应当使用不同的折现率。

①租赁费的折现率。租费定期支付，类似债券的还本付息，折现率应采用类似债务的利率。租赁资产的法定所有权属于出租人，如果承租人不能按时支付租赁费，出租人可以收回租赁资产，所以承租人必然尽力按时支付租赁费。租赁费现金流的不确定性很低。租赁资产就是租赁融资的担保物，租赁费现金流和有担保借款在经济上是等价的。因此，租赁费现金流的折现率应采用有担保债券的利率，它比无风险利率稍微高一些。

②折旧抵税额的折现率。使用折旧额乘以所得税税率计算折旧抵税额，隐含了一个假设，就是全部折旧抵税额均有足够的应税所得用于抵税，并且公司适用的税率将来不会变化。实际上经营总有不确定性，有些公司的盈利水平很低，没有足够的应税所得用于折旧抵税，适用税率也可能有变化。因此，折旧抵税额的

风险比租金大一些，折现率也应高一些。

③期末资产余值的折现率。通常认为，持有资产的经营风险大于借款的风险，因此期末资产余值的折现率要比借款利率高。多数人认为，资产余值应使用项目的必要报酬率，即加权平均资本成本作为折现率。

对每一种现金流使用不同的折现率，会提高分析的合理性，也会增加其复杂性。除非租赁涉及的金额巨大，在实务中的惯例是采用简单的办法，就是统一使用有担保债券的利率作为折现率。与此同时，对于折旧抵税额和期末资产余值进行比较谨慎的估计，即根据风险大小适当地调整预计现金流量。

4. 租赁筹资的优点

（1）能迅速获得所需资产

融资租赁集融物与融资于一身，一般要比先筹措现金再购置设备来得更快，可使企业尽快形成生产经营能力。

（2）租赁筹资限制较少

企业运用股票、债券、长期借款等筹资方式都会受到相当多的资格条件限制，相比之下，租赁筹资的限制条件很少。

（3）免遭设备陈旧过时的风险

随着科学技术的不断进步，设备陈旧过时的风险很高，而多数租赁协议规定由出租人承担，承租企业可免遭这种风险。

（4）到期还本负担轻

全部租金在整个租期内分期支付，可降低不能偿付的危险。许多借款在到期日一次偿还本金，往往给财务基础薄弱的公司造成相当大的困难，有时会形成不能偿付的风险。

（5）税收负担轻

租金可在所得税前扣除，具有抵免所得税的效用。

（6）租赁可提供一种新的资金来源

采用租赁方式可使企业在资金不足而又急需设备时，不付出大量资金就能得到所需的设备。这种"借鸡生蛋，卖蛋还钱"的办法有较高的经济效益。

二、股权融资

股权融资是指企业的股东愿意让出部分企业所有权，通过企业增资的方式引进新的股东的融资方式，总股本同时增加。其出资人是企业的所有者，拥有对企业的所有权，企业可以独立支配其所占有的财产，拥有出资者投资形式的全部法人财产权。股权融资主要有吸收直接投资、发行股票、企业内部积累等。

（一）吸收直接投资

吸收直接投资是指企业按照"共同投资、共同经营、共担风险、共享利润"的原则吸收国家、企事业单位、个人、外商投入资金的一种筹资方式。吸收直接投资和发行股票都是向企业外部筹集资金的方式，发行股票有股票这种有价证券作为中介，而吸收直接投资则不以证券为中介。吸收直接投资是非股份制企业筹集自有资金的基本方式。

1. 吸收直接投资的种类

企业通过吸收直接投资方式筹集的资金主要有以下四种。

①吸收国家投资，主要是国家财政拨款，由此形成国家资本金。

②吸收企业、事业等法人单位的投资，由此形成法人资本金。

③吸收城乡居民和企业内部职工的投资，由此形成个人资本金。

④吸收外国投资者和我国港、澳、台地区投资者的投资，由此形成外商资本金。

2. 吸收直接投资中的出资形式

吸收直接投资中投资者主要采用以下形式向企业投资。

（1）现金投资

用货币资金对企业投资是直接投资中重要的出资形式。企业有了货币资金，可以购买各种生产资料、支付各种费用，有很大的灵活性，因此，企业要争取投资者尽可能采用现金方式投资。外国公司法或投资法对现金投资在资本总额中的份额一般有规定，我国有关规定，货币出资额不得少于公司法定注册资本最低限额的50%，但目前尚无普遍性的规定，其他各种组织形式的企业则须在投资过程中由出资各方协商确定。

（2）实物投资

实物投资是指以房屋、建筑物、设备等固定资产和材料、燃料、商品等流动资产所进行的投资。实物投资应符合以下条件：①符合企业生产、经营、科研开发等的需要。②技术性能良好。③作价公平合理。投资实物的价格可以由出资各方协商确定，也可以聘请专业资产评估机构评估确定。

（3）工业产权和非专利技术投资

工业产权通常是指商标权、专利权和商誉，工业产权、非专利技术加上土地使用权构成我国企业主要的无形资产。各种先进的技术经过一定时期总是要陈旧老化的，其价值则不断降低以至丧失。因此在吸收此项投资时要进行周密的可行性研究，分析其先进性、效益性和技术更新的速度并合理作价，以免吸收以后在短期内就发生明显的贬值。根据有关规定，企业吸收的无形资产（不包括土地使用权）的出资额一般不得超过注册资本的 20%。

（4）土地使用权投资

土地使用权是指土地经营者对依法取得的土地在一定期限内有进行建筑、生产或其他活动的权利。土地使用权具有相对的独立性，在土地使用权存续期间，包括土地所有者在内的其他任何人和单位，都不能任意收回土地和非法干预使用权人的经营活动。使用权人依法可用土地使用权进行投资。

3. 吸收直接投资的优点

吸收直接投资是我国企业筹资中最早采用的一种方式，也曾是我国国有企业、集体企业、合资或联营企业普遍采用的筹资方式。

吸收直接投资的优点主要包括以下三个方面。

①吸收直接投资所筹的资金属于企业的自有资金，与借入资金相比较，它能提高企业的资信和借款能力。

②吸收直接投资不仅可以筹取现金，而且能够直接获得所需的先进设备和技术，与仅筹取现金的筹资方式相比较，它能尽快地形成生产经营能力。

③吸收直接投资的财务风险较低。

（二）发行股票

股票是股份公司为筹集自有资金而发行的有价证券，是持股人拥有公司股份的入股凭证。它证明持股人在股份公司中拥有的所有权。股票持有者为公司的股东。股东按照企业组织章程参加或监督企业的经营管理、分享红利，并依法承担以购股额为限的企业经营亏损的责任。

1. 股票的种类

公司发行的股票种类很多，可按不同标准进行分类。

（1）股票按股东权利和义务的不同分为普通股和优先股

普通股是公司发行的具有管理权而股利不固定的股票。普通股符合一般股权的基本标准，是公司资本结构中基本的部分。普通股的最大特点是股利不固定，随着公司盈利的多少而起伏。普通股在权利义务方面的特点如下：①普通股股东对公司有经营管理权。在股东大会上有表决权，可以选举董事会，从而实现对公司的经营管理。②普通股股利分配在优先股分红之后进行，股利多少取决于公司的经营情况。③公司解散、破产时，普通股股东的剩余财产求偿权位于公司各种债权人和优先股股东之后。④在公司增发新股时有认股优先权，可以优先购买新发行的股票。

优先股是较普通股有某些优先权利同时也有一定限制的股票。其优先权利表现在以下两个方面：①优先获得股利。优先股股利的分发通常在普通股之前，其股利率是固定的。②优先分配剩余财产。当公司解散、破产时，优先股的剩余财产求偿权虽位于债权人之后，但位于普通股之前。优先股股东在股东大会上无表决权，在参与公司经营管理上受到一定限制，仅对涉及优先股权利的问题有表决权。优先股属于主权资金，优先股股东的权利与普通股股东有相似之处，两者股利都是在税后利润中支付，而不能像债券利息那样在税前列支，同时优先股又具有债券的某些特征。

（2）股票按票面有无记名分为记名股票和无记名股票

记名股票在票面上载有股东姓名并将股东姓名记入公司股东名册。对记名股票要附发股权手册，股东只有同时具备股票和股权手册才能领取股利。记名股票的转让、继承要办理过户手续。

无记名股票在票面上不记载股东姓名，公司也要设置股东名册，记载股票的数量、编号和发行日期。持有无记名股票的人就成为公司的股东。无记名股票的转让、继承无须办理过户手续，只要买卖双方办理交割手续，就可完成股权的转移。

根据《中华人民共和国公司法》的有关规定，公司向发起人、国家授权投资的机构、法人发行的股票应当为记名股票。对社会公众发行的股票可以为记名股票，也可以为无记名股票。

（3）股票按票面是否标明金额分为面值股票和无面值股票

面值股票是指一种带有指定的票面价值的股票，每股的面值都是由公司章程规定的。持有这种股票的股东，对公司享有的权利和承担的义务大小，依其所持有的股票票面金额占公司发行在外股票总面值的比例而定。

无面值股票不标明每张股票的面值，而仅将企业资金分为若干股份，在股票上载明股数。在企业经营过程中，股份的实际价值与股票发行时的价值往往不一致，只要根据股票股数即可确定股份的实际价值（但每股的发行价值仍须固定）。

（4）股票按投资主体的不同分为国家股、法人股、个人股和外资股

国家股为有权代表国家投资的部门或机构以国有资产向公司投资形成的股份。国家股由国务院授权的部门或机构及根据国务院的决定由地方人民政府授权的部门或机构持有，并委派股权代表。

法人股为企业法人以其依法可支配的资产向公司投资形成的股份，或具有法人资格的事业单位和社会团体以国家允许用于经营的资产向公司投资形成的股份。

个人股为社会个人或本公司职工以个人合法财产投入公司形成的股份。

外资股为外国投资者和我国香港、澳门、台湾地区投资者以购买人民币特种股票形式向公司投资形成的股份。

（5）股票按发行对象和上市地点分为 A 股、B 股、H 股、N 股和 S 股

A 种股票即人民币普通股票。它由我国境内的公司发行，供境内机构、组织和个人以人民币认购和交易，不向外国和我国港、澳、台地区的投资者出售。

B 种股票即人民币特种股票。它以人民币标明面值，以外币认购并进行交易，在境内（上海、深圳）证券交易所上市交易。它的投资人限于外国和我国港、澳、台地区的机构、组织和个人，定居在国外的中国公民，中国证券监督管理委员会规定的其他投资人。

H 股是注册地在内地、上市地在中国香港地区以人民币标明面值、供境外投资者用外币认购的股票。取中国香港地区英文名称 Hong Kong 字首，在中国香港地区上市外资股就标为 H 股。以此类推，在美国纽约和新加坡上市的外资股股票就分别称为 N 股和 S 股。

2. 股票的发行方式及推销方式

（1）股票发行方式

①公开间接发行。公开间接发行股票，是指股份公司通过中介机构向社会公众公开发行股票。采用募集设立方式成立的股份有限公司，向社会公开发行股票时，必须由有资格的证券经营中介机构，如证券公司、信托投资公司等承销。这种发行方式的发行范围广、发行对象多，易于足额筹集资本。公开发行股票，同时还有利于提高公司的知名度，扩大其影响力，但公开发行方式审批手续复杂严格，发行成本高。

②非公开直接发行。非公开直接发行股票，是指股份公司只向少数特定对象直接发行股票，不需要中介机构承销。用发起设立方式成立和向特定对象募集方式发行新股的股份有限公司，向发起人和特定对象发行股票，采用直接将股票销售给认购者的自销方式。这种发行方式弹性较大，企业能控制股票的发行过程，节省发行费用，但发行范围小，不易及时足额筹集资本，发行后股票的变现性差。

（2）股票的推销方式

股票的发行是否成功最终取决于能否将股票全部都推销出去。股份公司公开向社会发行股票，其推销方式不外乎有两种选择，即自销或委托承销。

①自销方式。股票发行的自销方式是指股份公司直接将股票出售给投资者，而不经过证券经营机构承销。自销方式可节约股票发行成本，但发行风险完全由发行公司自行承担。这种推销方式并不普遍采用，一般仅适用于发行风险较小、手续较为简单、数额不多的股票发行。在国外主要在知名度高、有实力的公司向现有股东推销股票时采用。

②承销方式。股票发行的承销方式是指发行公司将股票销售业务委托给证券承销机构代理。《中华人民共和国公司法》规定，公司向社会公开发行股票，不论是公司设立发行原始股还是公司增资发行新股，均应当由依法设立的证券经营机构承销。

承销方式包括包销和代销两种具体办法。

股票发行的包销是由发行公司与证券经营机构签订承销协议，全权委托证券承销机构代理股票的发售业务。采用这种办法一般由证券承销机构买进股份公司公开发行的全部股票，然后将所购股票转销给社会上的投资者。在规定的募股期限内，若实际招募股份数达不到预定发行股份数，剩余部分由证券承销机构全部承购。

发行公司选择包销办法可促进股票顺利出售，及时筹足资本，还可免于承担发行风险；不利之处是要将股票以略低的价格售给承销商，且实际付出的发行费用较高。

股票发行的代销是由证券经营机构代理股票发售业务，若募股期满，实际募股份数达不到预定发行股份数，承销机构不负承购剩余股份的责任，而是将未售出的股份归还给发行公司，发行风险由发行公司自行承担。

根据我国有关股票发行法规的规定，公司拟公开发行股票的面值总额超过3000万元或者预期销售总金额超过5000万元的应当由承销团承销。承销团由两个以上承销机构组成，一般包括主承销商、副主承销商、分销商。主承销商由发行人按照公开竞争的原则通过竞标或协商办法确定。

3. 股票发行价格的影响因素

（1）本体因素

本体因素就是发行人内部经营管理对发行价格制定的影响因素，主要包括：①发行人主营业务发展前景。这是能否给投资者提供长期稳定报酬的基础，也是未来利润增长的直接决定因素。②产品价格有无上升的潜在空间。这决定了发行人未来的利润水平，因为利润水平与价格直接相关。在成本条件不变时，价格的上升空间将直接决定利润的增长速度。③管理费用与经济规模性。这是利润的内涵性增长因素。对此要有切实客观的分析。④投资项目的投产预期和盈利预期。投资项目是新的利润增长点。在很多情况下，未来利润的大幅度增加取决于投资项目的营利能力。

（2）环境因素

股票流通市场的状况及变化趋势，发行人所处行业的发展状况、经济区位状况，之所以对股票发行价格有着直接影响，其原因在于发行人所处的行业和经济区位条件在很大程度上决定了发行人的未来发展，影响到发行人的未来营利能力，进而影响到股票发行价格的高低。

4. 股票发行价格的确定

股票的发行价格是股份公司将股票出售给投资者所采用的价格，也就是投资者认购股票时所支付的价格。股票发行价格通常由发行公司根据股票面额、股市行情和其他有关因素决定。公司设立首次发行股票时由发起人决定；公司增资发行新股时由股东大会或董事会决定。

股票的价值通常有面值、账面价值、市场价值和清算价值。

面值是股票票面上标明的金额，以股为单位，用每股的资本数额来表示。它在公司经营过程中只表明股东投入资本在公司资本总额中所占的比例，作为确定股东所有权、表决权、收益分配权的依据，与企业资产并无直接联系。

账面价值（净资产价值）是指股票所包含的实际资产价值。它是根据公司财务报表资料计算出来的结果，数字准确、可信度高，所以它是证券经营者分析股票价格、股票投资者进行投资评估分析的依据之一。公司的账面价值高，股东可能享受的收益就多，这时，如股票售价较低，则对投资者有利。

市场价值（又称市价）是股票在股票市场上进行交易时的价值。它通常与企业的营利能力直接有关并受许多因素的影响，股票的市场价值是一种经常变动的数值。它直接反映着股票市场行情，成为投资者的直接参考依据。

清算价值实质是公司清算时每一股份所代表的实际价值。理论上，股票的清算价值应与账面价值一致，但实际上并非如此。只有当清算时的资产实际出售额与财务报表上反映的账面价值一致时，每一股的清算价值才会和账面价值一致。但在公司清算时，其资产往往只能压低价格出售，再加上必要的清算费用，故大多数公司股票的清算价值低于其账面价值。

5. 股权再融资

上市公司利用证券市场进行再融资是国际证券市场的通行做法，是其能够持续发展的重要动力源泉之一，也是发挥证券市场资源配置功能的基本方式。再融资包含股权再融资、债权再融资和混合证券再融资等几种形式，其中股权再融资的方式包括向现有股东配股和增发新股融资。

配股是指向原普通股股东按其持股比例，以低于市价的某一特定价格配售一定数量新发行股票的融资行为。增发新股指上市公司为了筹集权益资本而再次发行股票的融资行为，包括面向不特定对象的公开增发和面向特定对象的非公开增发，也称定向增发。其中，配股和公开增发属于公开发行，非公开增发属于非公开发行。

（1）配股

按照惯例，公司配股时新股的认购权按照原有股权比例在原股东之间分配。配股赋予企业现有股东配股权，使得现有股东拥有合法的优先购买新发股票的权利。

配股权：

配股权是指当股份公司为增加公司股本而决定发行新的股票时，原普通股股东享有的按其持股数量，以低于市价的某一特定价格优先认购一定数量新发行股票的权利。配股权是普通股股东的优惠权，实际上是一种短期的看涨期权。配股权在某一股权登记日前颁发，在此之前购买的股东享有配股权，即此时股票的市场价格中含有配股权的价值。

在我国，配股权是指当股份公司须再筹集资金而向现有股东发行新股时，股东可以按原有的持股比例以较低的价格购买一定数量的新发行股票。这样做的目的有：①不改变原控股股东对公司的控制权和享有的各种权利；②发行新股将导致短期内每股收益稀释，通过折价配售的方式可以给老股东一定的补偿；③鼓励老股东认购新股，以增加发行量。

配股价格：

配股一般采取网上定价发行的方式。配股价格由主承销商和发行人协商确定。

配股条件：

上市公司向原股东配股的，除了要符合公开发行股票的一般规定外，还应当符合下列规定：①拟配售股份数量不超过本次配售股份前股份总数的30%；②控股股东应当在股东大会召开前公开承诺认配股份的数量；③采用《中华人民共和国证券法》规定的代销方式发行。

配股除权价格：

通常配股股权登记日后要对股票进行除权处理。除权后股票的理论除权基准价格为：

$$配股除权价格 = \frac{配股前股票市值 + 配股价格 \times 配股数量}{配股前股数 + 配股数量}$$

$$= \frac{配股前每股价格 + 配股价格 \times 股份变动比例}{1 + 股份变动比例} \tag{3-11}$$

配股权价值：

一般来说，老股东可以以低于配股前股票市价的价格购买所配发的股票，即配股权的执行价格低于当前股票价格，此时配股权是实值期权，因此配股权具有价值。利用配股除权参考价，可以估计配股权价值。配股权的价值为：

$$每股股票配股权价值 = \frac{配股权除权参考价 - 配股价格}{购买一股新股所需的股数} \tag{3-12}$$

（2）增发新股

增发新股主要包括公开增发和非公开增发。公开增发是指没有特定的发行对象，股票市场上的投资者均可以认购。非公开增发（也称定向增发）的对象主要针对机构投资者（财务投资者、战略投资者）与大股东及关联方。

增发新股的特别规定：

公开增发。公开增发除满足上市公司公开发行的一般规定外，还应当符合以下规定：①最近3个会计年度加权平均净资产报酬率平均不低于6%；②除金融企业外，最近一期期末不存在持有金额较大的交易性金融资产和可供出售的金融资产、借予他人款项、委托理财等财务性投资的情形。

非公开增发。相对于公开增发新股、配股而言，上市公司非公开增发新股的要求要低得多。非公开增发没有过多发行条件上的限制，除发行对象为境外机构投资者须经国务院相关部门事先批准外，只要特定发行对象符合股东大会规定的条件，在数量上不超过10名，并且不存在一些严重损害投资者合法权益和社会公共利益的情形，均可申请非公开发行股票。对于一些以往盈利记录未能满足公开融资条件，但又面临重大发展机遇的公司而言，非公开增发提供了一个关键性的融资渠道。

增发新股的定价：

公开增发。上市公司公开增发新股通常按照"发行价格应不低于公告招股意向书前20个交易日公司股票均价或前1个交易日的均价"的原则确定价格。相对于非公开增发，公开增发新股的发行价没有折价，定价基准日也固定。

非公开增发。非公开发行股票的发行价格应不低于定价基准日前 20 个交易日公司股票均价的 90%。定价基准日则可以是董事会决议公告日，也可以是股东大会决议公告日或发行期的首日。另外，必须注意，定价基准日前 20 个交易日股票交易均价的计算公式如下：

$$定价基准日前 20 个交易日股票交易均价 = 定价基准日前 20 个交易日$$
$$股票交易总额 + 定价基准日前 20 个交易日股票交易总量 \quad (3-13)$$

并不是把每天的收盘价加起来除以 20。对于以通过非公开发行进行重大资产重组或者引进长期战略投资为目的的，可以在董事会、股东大会阶段事先确定发行价格；对于以筹集现金为目的的发行，应当在取得发行核准批文后采取竞价方式定价。

6. 发行股票筹资的优点

发行普通股票是公司筹集资金的一种基本方式，其优点主要包括以下四个方面。

（1）能提高公司的信誉

发行股票筹集的是主权资金。普通股本和留存收益构成公司借入一切债务的基础。有了较多的主权资金，就可为债权人提供较大的损失保障。因而，发行股票筹资既可以提高公司的信用程度，又可为使用更多的债务资金提供有力的支持。

（2）没有固定的到期日，不用偿还

发行股票筹集的资金是永久性资金，在公司持续经营期间可长期使用，能充分保证公司生产经营的资金需求。

（3）没有固定的利息负担

公司有盈余并且认为适合分配股利，就可以分给股东；公司盈余少，或虽有盈余但资金短缺，或者有有利的投资机会，就可以少支付或不支付股利。

（4）筹资风险小

由于普通股票没有固定的到期日，不用支付固定的利息，不存在不能还本付息的风险。

（三）企业内部积累

企业内部积累主要是指企业税后利润进行分配所形成的公积金。企业的税后利润并不全部分配给投资者，而应按规定的比例提取法定盈余公积金，有条件的还可提取任意盈余公积金。此项公积金可用以购建固定资产、进行固定资产更新改造、增加流动资产储备、采取新的生产技术措施和试制新产品、进行科学研究和产品开发等。因此，税后利润的合理分配也关系到企业的筹资问题。

企业利润的分配一般是在年终或会计期末进行结算的，因此，在利润未被分配以前，可作为公司资金的一项补充来源。企业年末未分配的利润也具有此种功能。企业平时和年末未分配的利润，使用期最长不超过半年，使用时应加以注意。

此外，企业因计提折旧从销售收入中转化来的新增货币资金并不增加企业的资金总量，但能增加企业可以周转使用的营运资金，因而也可视为一种资金来源和筹资方式。

应当指出，企业内部积累是补充企业生产经营资金的一项重要来源。利用这种筹资方式不必向外部单位办理各种手续，简便易行，而且不必支付筹资、用资的费用，经济合理。

三、混合融资

企业在筹资过程中发行的证券，有的基本性质是股票但又具有债券的某些特点，有的基本性质是债券但又可能转化为股票。这种具有双重性质的筹资活动，称为混合融资，其主要有发行优先股、发行认股权证和发行可转换债券。

（一）发行优先股

优先股是一种特别股票，它具有普通股的基本特征，但与债券又有许多相似之处，从法律地位上看，优先股属于企业自有资金。

1. 优先股的种类

优先股按不同的标准可进行不同的分类，几种主要的分类如下：

（1）累积优先股和非累积优先股

累积优先股是指将某个营业年度内由于经营成果较差而未支付的股利累积起来，由以后的营业年度补发其股利的优先股股票。通常发行这种股票的公司只有把积欠的优先股股利全部都支付以后才能支付普通股股利。

非累积优先股是仅按当年净利润分配股利，而不予以累积留待以后补付的优先股股票。如果年度净利润不足以支付全部优先股股利，公司对所积欠的股利不再在以后年度补发。

对投资者来说，累积优先股更具吸引力，因而发行比较广泛，而非累积优先股则因认购者少而发行量不多。

（2）可转换优先股和不可转换优先股

可转换优先股是股东可在一定时期内按一定比例把股票转换为普通股的优先股股票。转换比例是事先确定的，其比值取决于当时优先股与普通股的现行价格。例如发行股票时，可转换优先股价格为 100 元/股，普通股价格为 25 元/股，可规定在今后一定时期内（如两年内），1 股优先股转换为 4 股普通股。在规定时期内，如普通股价格超过 25 元/股，优先股价格不超过 100 元，则对优先股股东有利。

不可转换优先股是不能转换成普通股的优先股股票。持有这种股票只能获得固定的股利，而不能获得转换收益。

（3）参加优先股和不参加优先股

参加优先股是指不仅能取得固定股利，而且有权与普通股一起参加净利润分配的优先股股票。按照参与利润分配的方式不同，又可分为全部参加分配的优先股和部分参加分配的优先股。全部参加分配是指优先股股东有权与普通股股东共同等额分享本期全部净利润；部分参加分配是指优先股股东仅按规定额度参与本期净利润分配，超过规定额度的利润归普通股股东所得。

不参加优先股是指对公司的净利润只分得固定股利，对分配固定股利后的剩余利润不能参加分配的优先股股票。

（4）可赎回优先股和不可赎回优先股

可赎回优先股又称可收回优先股，是指股份公司可按一定价格收回的优先股股票。在发行这种股票时，一般附有赎回条款，规定赎回该股票的价格，赎回价格一般略高于股票面值。至于是否收回、何时收回，则由发行股票的公司决定。

不可赎回优先股是指不能收回的优先股股票。优先股都有固定股利，不可赎回优先股一经发行便会成为永久性的财务负担，因此，在实际中不可赎回优先股很少发行。

累积优先股、可转换优先股、参加优先股均对股东有利，而可赎回优先股则对公司有利。

2. 优先股的权利

优先股的优先权是相对于普通股而言的，这种优先权主要有以下三项。

(1) 优先分配股利的权利

优先分配股利的权利是优先股的主要特征。优先股有固定股利，通常按面值的一定比例计算，而且优先股股利必须在支付普通股股利之前支付。至于累积优先股、参与优先股的优先权就更为突出了。

(2) 对剩余资产的求偿权

在企业破产清算时，出售资产所得的收入，优先股持有人的求偿位于债权人之后，但先于普通股。其金额为优先股的面值加上累积未支付的股利。

为了保护优先股的这种优先权，发行优先股的协议有时也会有一些限制性条款，如禁止发行对剩余资产拥有更优先或同等求偿权的证券。

(3) 管理权

优先股股东的管理权是有严格限制的。通常在公司的股东大会上，优先股股东没有表决权。但是当公司研究与优先股有关的问题时，如讨论把一般优先股改为可转换优先股、推迟优先股股利的支付时，优先股股东有权参与股东大会并有权表决。

3. 优先股的性质

优先股的性质比较复杂，既属于自有资金又具有债务资金的特性。

从法律地位上看，优先股是企业自有资金的一部分。优先股持有人是公司的股东，优先股股东拥有的权利同普通股股东近似；优先股的股利不能像债券利息那样从税前利润扣除，而必须从税后利润中支付。但优先股又具有债券的特征，优先股有固定的股利，类似债券的利息；优先股对利润的分配和对剩余财产的求偿具有优先权，这也类似于债券。

另外，公司的不同利益集团对优先股往往有不同的认识，侧重点有所不同。因它必须在普通股之前分得收益、分享剩余资产，普通股股东一般会把优先股看成一种特殊债券。投资人在购买普通股票时也往往把优先股看作债券。又因为它对债券起保护作用，可以减少债券投资的风险，债券持有人则认为优先股属于股票，属于股权资金。从公司管理当局和财务人员的角度看，优先股具有双重性质，因为优先股虽没有固定的到期日，不用偿还本金，但需要支付固定的股利，成为财务上的一项负担。所以，当公司利用优先股筹资时，一定要考虑它这两方面的特性。

4. 优先股筹资的优点

①优先股没有固定的到期日，多数又可根据需要收回。优先股本身无偿还本金的义务，也无须进行再筹资计划，等于使用一笔无限期的贷款。但大多数优先股又附有赎回条款，这就使得这种资金来源更有弹性。当财务状况较紧时发行，而财务状况较松时收回，有利于适应公司资金的需求，也能主动控制公司的资本结构。

②股利的支付既固定又有一定弹性。优先股一般采用固定股利，但固定股利的支付并不构成公司的法定义务。如果财务状况不佳，则可暂时不支付优先股股利，优先股股东不至于像债权人那样迫使公司破产。

③有利于增强公司信誉。从法律上讲，优先股属于自有资金，因而优先股扩大了权益基础，可适当增加公司的信誉，加强公司的借款能力。

④能保持普通股股东的控制权。当公司既想向外界筹集主权资金，又不想丧失原有股东控制权时，利用优先股筹资是一个恰当的方式。

（二）发行认股权证

1. 认股权证的含义

认股权证是一种以特定的认购价格购买规定数量的普通股股份的选择权。它规定一个可以购买普通股的认购价格及每一认购权证可以购买普通股股份的数额。认股权证类似于购买选择权。认股权证与它所伴随的证券（如债券）既可分开也可不分开，这样便于它们分别交易。认股权证是一种购买普通股的选择权，在行使选择权之前，它并不拥有普通股股东的权利。

认股权证是一种有价证券。其持有人可行使认股权，也可不行使认股权，还可将认股权证转让出去。

2. 附认股权证债券的筹资成本

附认股权证债券，是指公司债券附认股权证，持有人依法享有在一定期间内按约定价格（执行价格）认购公司股票的权利，是债券与认股权证的产品组合。通常，附认股权证债券可分为"分离型"与"非分离型"和"现金汇入型"与"抵缴型"。其中"分离型"指认股权证与公司债券可以分开，单独在流通市场上自由买卖。"非分离型"指认股权证无法与公司债券分开，两者存续期限一致，同时流通转让，自发行至交易合二为一，不得分开转让。非分离型附认股权证公司债券近似可转债。"现金汇入型"指当持有人行使认股权利时，必须再拿出现金来认购股票。"抵缴型"则指公司债券票面金额本身可按一定比例直接转股，如现行可转换公司债的方式。把"分离型"与"非分离型"和"现金汇入型"与"抵缴型"进行组合，可以得到不同的产品类型。

3. 发行认股权证筹资的优点

①可降低筹资成本。发行附有认股权证的债券时，由于认股权证的吸引作用，债券利率可以降低，因而降低了债券发行成本。

②有利于吸引投资者向公司投资。只要认股权证的约定价格低于股票价格，认股权就会被行使，从而增加公司的资本金。

③有助于调整资本结构，扩大股权。认股权被行使后，公司发行在外的股票数会增加；同时，公司的资本金增加使得所有者权益在资产中的比重上升，从而调整了资本结构。

（三）发行可转换债券

1. 可转换债券的含义和基本原理

（1）可转换债券的含义

发行公司债券的信托合同中，有时规定债券持有人可依照规定条件把债券换成公司的普通股票，这种债券称为可转换债券。它有规定的转换比率和转换价格，转换比率指每张公司债券可以转换成普通股的股数；转换价格则是债券面值除以转换比率。转换比率和转换价格通常是固定不变的。例如公司债券信托合同规定，每张面值为 1000 元的公司债券，如可由持券人转换债券发行公司的普通股票 80 股，则转换比率为 80，转换价格为 12.50 元（1000÷80）。

股票转换价格的计算公式如下：

$$股票转换价格 = 债券面值 ÷ 转换比率 \tag{3-14}$$

（2）可转换债券的基本原理

可转换债券可看作一般债券加上一个相关的选择权。直接债务价值与一个选择权的价值随风险变动的方向是相反的，直接债务成本与一个选择权的成本随风险变动的方向也是相反的。因此，直接债务证券与一个选择权的结合会降低这种组合证券的价值和成本对风险的敏感度，可转换债券正是这样的一种组合证券。

（3）可转换债券的特征

可转换债券的特征包括以下五个方面：

①固定利息。在换股之前，可转换债券与普通债券一样产生固定年息。然而，其利息通常低于普通债券。

②期满赎回。如果转换没有实现，可转换债券与普通债券一样在期满时将被赎回，投资者本金的安全由此得到保证（前提是公司仍有清偿能力）。如果发行公司的股价上升，投资者可将其债券转换为股票以获取股价长期上升之利。

③换股溢价。可转换债券的换股溢价一般在5%~20%，具体多少则视债券期限、利息及发行地而定。换股溢价越低，投资者尽快将债券转换为股票的可能性越大。

④发行人期前回赎权。发行人多保留在债券最终期满之前赎回债券的权利。由于发行人支付低于普通债券的利息，因此它通常只会在股价大幅高于转换价情况下行使回赎权以迫使投资者将债券转换为股本。

⑤投资者的期前回售权。此权利使投资者有机会在债券到期之前在某一指定日期将债券回售给发行人，通常是以一定溢价售出，投资者一般是在发行人股票表现欠佳时行使回售权。

2. 可转换债券的价格

可转换债券的价格有两种：一是转换股票前的价格；二是转换股票时的价格。转换股票前的价格用一般债券价格计算公式计算。

3. 可转换债券的筹资成本

可转换债券的持有者，同时拥有一份债券和一份股票的看涨期权。它与拥有普通债券和认股权证的投资组合基本相同，不同的只是为了执行看涨期权必须放弃债券。因此，可以先把可转换债券作为普通债券分析，然后再当作看涨期权处理，就可以完成其估值。纯债券价值是不含看涨期权的普通债券的价值，转换价值是债券转换成的股票价值。这两者决定了可转换债券的价格。

4. 发行可转换债券的优点

（1）债券成本低

发行可转换债券可使公司在换股之前能够以低廉费用筹集额外资金。可转换债券使得公司能获得相对于普通债券而言利率较低且限制条款较不苛刻的负债。

（2）公司可获得股票溢价利益

可转换债券所设定的每股普通股的转换价格通常高于每股普通股当期价格，因此若债券能换股，公司便可以高于当期价格的溢价发行股票，即当公司发行股票或配股时机不好时可以先发行可转换债券，延续股权融资。

第三节　融资的智能决策

一、大数据在融资领域的应用

企业内部资本不足以满足生产需求或产品研发时，企业进行融资活动，筹集所需要的资金可能来自企业内部和外部融资，包括股权融资和债权融资，企业在做出筹资决策方案之前，要对市场、行业的发展前景进行分析，确定合适的资本结构，降低经营风险，企业自身要有良好的信用数据才能吸引投资方。

（一）大数据与股权融资

企业在发展过程中，为了研发新产品或扩大规模，需要大量的资金流入，单纯的债权融资难以满足企业的资金需求，企业对未来各种可能的前景进行思考，做出合理的财务预测才能得到正确的融资需求额。

利用大数据对同行业的企业进行分析，计算行业的平均成本，比较相同规模企业的盈利状况和资本结构，通过比较可以发现本企业的不足和优点，从而制定恰当的财务政策，达到企业合理的生产规模。详细的预测方案，降低了经营风险，也给投资方带来收益；企业可以通过大数据分析行业所处的发展阶段，行业的销售、市场份额，并与企业在行业中的占有率进行比较，分析企业在行业中的竞争地位、技术进步、管理水平、外部竞争环境、资本构成等，分析出企业的潜力和内在价值，不仅可以为企业发展确定方向，而且可以吸引投资方，企业更容易融资，进一步利用资源提高公司的收益，创造财富。

企业经营环境和行业发展前景综合分析，可以初步预测融资金额。企业良好的经营状况和信用数据可以给企业带来融资机会，利用大量的数据减小企业与融资机构的信息不对等的差距，通过数据筛选合适的投资方，提高融资成功的可能性。

（二）大数据与债权融资

企业进行债权融资，一般用于短期经营活动或固定资产的建设，常见的融资对象是一些融资机构和银行。但是小微企业一般难以获得银行贷款，一是很难对缺乏抵质押物的小微企业做出信用评级；二是很难监测企业把贷款用在何处，缺乏信用数据也加大了企业融资的难度。

企业对行业的预测，以及上下游企业的稳定程度和经营状况，一方面，做出合理的销售预测。销售预测是财务预测的基础，如果销售预测的实际状况超出预测很多，公司没有准备足够的资金添置设备或储存存货，则无法满足顾客需要，不仅会失去盈利机会，并且会丧失原有的市场份额。相反，销售预测过高，筹集大量的资金购买设备并储备存货，则会造成设备闲置和存货积压，可能会造成资金周转困难。任何企业都不愿遇到类似情况，因此，销售预测要尽可能地与未来实际情况相符合。另一方面，可以为融资机构或银行提供相应的数据，把资金使用状况实时反馈给债权人，提高信用程度。企业利用大数据对整个行业和原料供应商、消费者、未来经济状况等因素进行综合分析，使整个预测更贴合实际，可以做出合理的筹资方案，确定融资结构，降低财务风险，提高资金的流动性，及时还本付息，保持良好的信用信息。

此外，大数据可以提供投资方所需要的信息，使发展前景良好的企业获得投资，满足市场需求，投资方获得收益；推动决策的准确性，预测经济的发展趋势，有效配置资源。

二、云计算在融资领域的应用

(一) 云计算与股权融资

以股权的方式进行融资，企业无须还本付息，也没有固定的股利负担，股利的支付与否和支付多少视公司的经营需要而定。但是在股权融资的过程中，存在着一定程度上的道德风险，即公司管理者可能会采取有利于自己而不利于股东的投资政策，导致经营者和股东的利益冲突，同时也有悖于股东利益最大化的经营目标。而这很大程度上是管理者和股东之间信息不对称导致的。云计算可以帮助股东更全面地掌握企业动态，得知管理者的融资选择，保证自己的利益得到最大限度的实现。

另外，云计算可以帮助企业扩大股权融资市场。在云环境下，不同地域之间的信息隔阂将逐渐被消除，企业将可以向海外市场，甚至是更广大的市场发行股票，招募股权资产。目前许多实力雄厚的大型企业已通过海外发行股票的方式进行融资。

(二) 云计算与债权融资

以债权的方式融资速度快、弹性好，可以实现抵税收益，但增加债务的同时，债权融资还本付息的要求会增加企业的财务风险，并且有很多的限制条款，其用途主要是解决企业营运资金短缺的问题。因此可以利用云计算分析企业的收益与现金流量波动情况，财务的灵活性及企业未来的发展空间，从而权衡债务的收益与风险，达到最优资本结构。

企业债权融资的来源往往是政府或商业性的银行贷款、信托投资贷款及从财务公司取得贷款等。无论哪种方式，融资方都必须得到投资方的信任，让投资方相信可以取得必要报酬，才有可能顺利融资。而这个过程对于大多数企业来说是困难的。云计算可以让企业自身的信息有效整合，披露给投资方，从而增加自身的可信力，也可以向投资方实时传送企业当下的经营情况，向投资方保证自身还款能力，以这种方式更加顺利地获取债权融资。

企业决策者也可以利用云计算技术，根据当前或未来的货币价值及对企业销售增长比例的预计或要求，计算出企业所需的融资额。

实际上，企业的动态经营和发展决定了企业在不同时期会有不同的融资需求，云计算就是帮助企业适应不同情况下的资金需求，充分利用其虚拟化、大存储、快计算的能力，为企业业务的快速平稳发展提供助力。

三、人工智能在融资领域的应用

我国智能融资的发展产生于转型升级过程中创造的智能化需求。新一代人工智能在融资领域的应用不再是简单地用计算机模拟人的智能，而是基于网络空间发展的数据智能，即智能机器、人和网络相互融合的智能系统。互联网，尤其是移动互联网发展中创造出的数据生态优势是我国人工智能融资产业发展的前提和基础。在拥有数据生态优势的条件下，强烈的需求、创新系统的高度开放性和核心产业部门与融合产业部门的融合发展，共同构成了我国智能经济发展的关键机制。人工智能在融资领域主要应用在融资金额预测和融资供应链智能平台的建造两个方面。

（一）人工智能与融资金额预测

许多企业，尤其是中小型企业，在面临短期资金困难、接到大订单急需资金支持、为扩大企业规模需资金购买或翻新设备等情况时，往往需要外部融资来支持企业的行为继续进行。而企业融资并不是指简单地引进资金，融资金额不足会导致企业的生产经营无法正常周转，而金额过多则可能导致资金或资金购买的设备、原材料等积压，造成成本浪费，同样不利于企业盈利。因此，企业的融资行为需要以企业的自身运营现状和资金运用情况为基础，根据企业具体发展策略和最终目的的需要，通过分析企业现有的资产、权益和预期收益确定融资的金额。

随着人工智能技术的不断发展，融资领域也逐渐开始运用这一高新技术。利用人工智能中的机器学习等技术，不仅可以对现有数据进行分析，还可以对不同融资金额下的企业未来发展状况进行预测，模拟整个融资过程，评估风险，从而判断最为合理的融资金额，实现资源最小化和利润最大化。

（二）融资供应链智能平台

在金融活动过程中，融资方和被融资方等各方交流不便利，易造成信息透明度低，增加了交易风险。

人工智能等信息技术作为融资领域的帮扶者，通过技术打造供应链网络，将融资过程所涉及的各方紧密连接起来，使信息更加透明、交流更加便利、联系更加密切。

打造金融供应链智能平台，加强各方之间的信息交流，使信息多方可见，将交易过程进行记录，后期可追溯、可留痕，从而使每个企业的信用情况都有所考据，降低风险。

各行各业的企业都存在着一个普遍的问题，就是资金来源单一，它们往往无渠道、无机会去获得多条资金链。但是，通过这样一个智能平台，极大地解决了这个问题，加大了多方融资的可能性，同样也解决了中小企业融资难的问题，提升供应链的整体竞争力。

四、区块链在融资领域的应用

（一）数字融资平台

资金是企业运营与发展的最重要的资源之一。企业在长期的生产与经营过程中，需要不断地投入资金，用以扩大企业的生产规模，获取更多的利润。而在企业扩大生产规模时，往往会遇到资金不足的困境，要想实现企业的生产循环，便需要向外部筹集资金。

区块链技术以其公开透明、去中心化、安全可靠的特质与企业融资过程天然契合。用区块链存储的企业、个人用户数据可以做到无法篡改、公开透明，从而有效解决融资双方的信息不对称问题。利用区块链技术制定的智能合约，能有效地降低融资过程中制定合约的成本，提高融资的效率。

（二）股权数字众筹平台

基于区块链技术去中心化、安全可靠的特点，可以应用于搭建股权数字众筹平台，对借款人的个人信息、财务状况、商业行为、投资记录等进行智能识别；同时还能利用区块链技术对投资项目进行全过程跟踪，使投资人及时掌握项目的进展情况，降低信用风险。依据区块链所采用的协商一致的智能合约，无须第三方信用机构的介入。在智能合约约定的时间和范围内，合约双方无法相互欺骗，确保了系统数据的安全可靠性。

（三）金融机构征信系统

间接融资是指企业向银行等金融中介机构申请贷款、发行债券等方式筹集资金。区块链技术可以应用在金融机构征信中心的构建中。针对传统的央行征信，需要借贷人提前授权，再调用信息记录的不完整、效率低下的征信方式。区块链系统依靠算法自动记录信用信息，同时做到信息的储存与加密，从而使信息完整度高，不可篡改，使用效率高。借贷人申请贷款时，金融机构不必再到央行申请征信查询，直接通过区块链的数据存储系统，就可以全面、完整、高效地掌握借贷人的借贷记录和信用信息，从而更准确地做出信贷审批决策。

（四）贸易融资

贸易融资，是指在商品交易中，银行运用结构性短期融资工具，基于商品交易中的存货、预付款、应收账款等资产的融资。一般而言，贸易融资用于企业解决短期资金占用的问题。目前的贸易融资仍然是一种基于纸张的业务，依赖于长时间的书面记录，因而需要一个长期的文件交换过程，并需要手动验证。不仅如此，目前的贸易融资仍然是一种基于纸张的业务，依赖于长时间的书面记录，因而需要一个长期的文件交换过程，并需要手动验证。对于融资方而言，这个过程无疑是漫长而低效的。企业急需短期资金投入新的生产经营活动中去，而等待实物文件交付以及结果验证是一个相当耗时的过程，耗费许多的人力和物力，这无疑给企业贸易融资带来了一定的困难。区块链技术的运用可以有效地解决这个难题，区块链可以取代纸质文件的使用，确保供应链的可信度、安全性和整体透明度，从而大大减少文件交付时间，给融资方带来便捷、高效的贸易融资方案。

第四章 企业智能财务分析与决策

第一节 基于可视化技术的企业财务分析

大数据及可视化技术是一种可帮助企业从复杂和繁多的大数据中快速提取和精准呈现信息数据的智能技术，而财务分析可为企业的日常经营管理活动提供有力的决策依据。数字经济时代下，大数据及可视化技术与财务分析相融合的模式可以帮助企业快速挖掘和分析数据，通过流程、图形和表格等形式，直观地呈现财务数据，获取有价值的信息，全面提升财务管理水平和业务发展能力，因此已经逐渐成为越来越多的企业提高自身财务管理水平的重要工具。企业应当进一步加强大数据及可视化技术与财务分析的融合，整合数据可视化资源，选择数据可视化工具，并且加强财务数据处理能力，实现与可视化技术接轨，促进提质增效目标的实现。

一、大数据及可视化技术与财务分析融合的必要性

（一）提高财务数据处理效率

在大数据及可视化技术的加持下，财务分析系统可自动从海量的基础信息数据中精准收集所需的有价值的信息数据，并且根据既定的逻辑框架对相关数据进行整合、加工、比对、计算等操作，最终以可视化的形式直观呈现财务分析结果。也就是说，企业的财务会计信息数据、业务数据、行业指标、销售业绩等重复性较强的工作可交由智能管理系统进行处理，显著提升信息数据处理的精准性，减少人为操作失误，提高财务数据处理效率。

（二）加快财务信息传输速度

通过融合大数据及可视化技术，财务分析系统可智能化地按照不同目标与用

途，呈现不同的财务分析报告，提高报告的个性化和交互性，更好地满足企业财务精细化管理的需求。同时，通过搭建互联互通的财务和业务信息数据共享平台，企业财务部门和业务部门之间的"信息孤岛"会被打破，公司管理层获取财务数据的渠道也更加多样和便捷，显著加快企业整体的财务信息传输速度，降低整体的运营成本。

（三）凸显财务分析决策效果

大数据及可视化技术在企业财务分析工作中的应用，有效地整合了企业内外部环境的经营数据、市场政策数据等，通过智能技术对海量的信息数据进行筛选和清洗，减少数据获取和处理的成本和时间，为公司管理层提供了更加具有参考价值的信息数据，凸显财务分析决策效果。同时，企业管理层可将更多的资源和精力放在运营业绩评估、运营计划制订等层面，并且借助大数据技术和可视化技术，明显发现公司过去经营状况的不足之处，精准高效地探测未来的经营发展动向，将各类关联指标联系起来，助推战略方面的管理决策，极大地延伸了财务分析的职能。

（四）增强财务风险管理能力

基于大数据及可视化技术的财务分析系统，不仅可以科学分析传统的财务指标，保障财务会计信息数据的真实性和有效性，而且还新增了数据评估、数据交易和数据搜索等功能模块，全方位和多角度地对数据进行对比和分析。财务管理人员在开展财务管理的可视化分析过程中，可深入解读信息数据的分析结果，找到数据差异的原因，及时发现潜在的财务风险隐患，据此制定有针对性的解决措施，提取有助于企业价值增值的信息数据，增强公司的财务风险管理能力，全面提升经营管理水平和市场竞争力，获取社会效益和经济效益的最大化。

二、大数据及可视化技术与财务分析融合框架

（一）财务数据获取

财务数据获取是企业开展基于大数据及可视化技术的财务分析工作的第一

步。借助大数据及可视化技术，企业可实时获取内外部信息数据，并且对大量无规律的数据进行分析、整理，对无效的数据进行剔除。其中，内部信息数据包括企业自身的财务会计核算系统以及研发、生产、采购、市场、销售等业务层面的信息数据，外部信息数据包括国家和地区政策、市场、企业所处行业、竞争对手、合作伙伴的信息数据。

（二）财务数据加工和处理

在获取海量、杂乱无章和抽象的信息数据之后，企业需要对财务数据进行加工和处理，将其转化为对公司财务分析目标有规律、有逻辑和有价值的财务会计信息数据。借助大数据及可视化技术，企业可对杂乱、分散和非标准化的信息数据进行分类、筛选、合并、清洗、计算、排序、转换、检索等操作，并且通过不同的数据存储结构和形式，将信息数据分门别类，剔除无用的数据，将有价值的数据汇总到公司的财务数据库中，供后续财务分析工作使用。

（三）财务数据挖掘和分析

在完成财务数据加工和处理之后，为了挖掘更多有价值的信息数据，企业需要基于全局思维、容错思维和相关思维等大数据分析思维来开展财务数据挖掘和分析工作。一般来说，企业常用的财务数据挖掘和分析方法涵盖分组聚合分析方法、回归分析方法、关联规则分析方法、特征分析方法和偏差分析方法等。

（四）财务数据可视化展示

为了实现财务分析的最终目标，企业需要将财务数据分析结果通过简明易懂和直截了当的图形、表格、视频等方式加以展示，供公司管理层制定经营决策使用。基于图像处理技术的数据可视化技术可将企业复杂、冗杂和难懂的财务会计信息数据转化为可视化的图像和音像形式，通过可视和交互的方式展示给公司财务数据使用者。同时，基于图像处理技术的数据可视化技术可按照不同的主题和主体，匹配相应的可视化展示方式和展示路径，全方位显示企业业务指标、财务指标和税务指标，更为形象和直观地阐述财务数据分析结果，确保管理人员快速挖掘大数据背后的商业洞察，推动公司业务的蓬勃发展。

三、大数据及可视化技术与财务分析的融合策略

（一）整合数据可视化资源，选择数据可视化工具

为实现财务分析的更高目标，企业应当根据自身生产和经营的需要，借助成熟的计算机信息技术，将外部资源与自身的财务会计信息数据融合起来，按照不同的财务报告使用者需要，二次开发大数据及可视化技术，对数据进行移植，搭建财务数据可视化操作系统，实现数据可视化资源的有效整合。比如针对当前数据可视化领域运用广泛的 Tableau 软件，企业需要将财务会计信息数据导入进去，借助强大的数据分析功能和丰富的数据呈现方式，轻松地获取财务数据可视化页面，快速实现数据可视化效果。

同时，企业可根据自身实际情况，选择成熟的数据可视化工具和技术，全面提高财务分析质量和效率。通常而言，可供企业选择的财务数据工具包括 FineReport 等可视化报表工具和 FineBI、Tableau 等 BI 分析工具，可实现对财务会计信息数据的深入分析和快速分析，一键生成可视化图表，直观体现各类信息数据，真正意义上为企业的财务数字化转型提供了先进的工具技术。

（二）加强财务数据处理能力，实现可视化技术接轨

为了提高财务数据加工的质量和效率，企业应当从影响自身运营发展的重点业务入手，加强财务数据处理能力，科学设置财务数据加工的目标和价值，编制数据清洗效果的检查表，智能评估数据清洗过程，并且把财务专业术语和公式转化为通用的数据语言和计算机语言，实现与可视化技术接轨。

一方面，企业在开展财务分析工作之前，应当尽可能地保证原始数据源的准确性，全面提升财务会计信息数据的质量，保证后续财务分析结果的精准性。而在实际工作中，原始数据源难免存在大量的无效和低价值的信息数据，比如出现数据缺失、数据口径明显错误、数据单位不统一、数值明显异常、重复记录等现象，企业应当借助大数据及可视化技术，搭建数据清洗的模型，包括删除、插值、修正、用概率模型估算缺失值等，实现财务数据加工和处理的标准化，并且制定数据清洗的"终点"，包括有效性、完整性、时效性、精准性、一致性等，

抓住主要矛盾，有效地提高数据清洗的质量，使财务数据加工处理模式与公司的经营业务完美融合。

另一方面，企业应当加强对财务运营的可视化监控，借助 ERP 及其关联平台，搭建数据仓库，建立公司运营监控和风险管理体系。在采集和整理相关信息数据之后，以数据可视化的方式呈现给企业的管理层，使其能够对公司内部经营指标和外部宏观指标进行监控和预警。企业财务管理人员还需要加强与业务人员的沟通与交流，深入分析业务数据模型，基于图形和表格的可视化形式，生动、直观地展示公司的风险预警水平、未来发展方向和整体竞争能力等，对公司经营情况有一个全景的展现和清晰的认识。

（三）基于问题导向开展财务数据搜集和加工

面对日益复杂多变的内外部经营环境，企业应当基于问题导向开展财务数据搜集和加工，聚焦关键指标，深入到过程管理和运营分析工作中去，建立基于问题导向的财务分析工作机制。

第一，企业在开展预算管理工作时，应当按照现存的问题，有针对性地对预算编制、预算执行、预算调整和预算考评等环节进行动态跟踪和监督管理，通过对各项运营成果的综合分析，发现差距单位，详细分析产生差异的原因，及时纠偏，并不断优化。企业可以选择同行业的标杆单位，实行对标管理方式，获取财务费用、单位变动成本、销售单价、利润总额、净资产收益率和融资成本率等关键指标，加强对核心指标的监控。在对财务数据进行加工时，企业还需要根据财务指标的重要程度和紧急程度以及当前的经营目标，合理地对财务指标进行排序。如果企业的工作目标是提高销售收入，那么可以优先选择利润总额、销售利润率和净资产收益率等效益类指标。

第二，企业应当落实各类信息数据呈报主体责任，按照公司主营业务线来制定统一的信息搜集和整理标准，为后续的财务数据加工奠定良好的基础，提升财务分析对企业战略决策的助力效应。

第三，企业应当按照不同的信息数据源，实行不同的数据采集方法和技术。一般来说，根据数据分布范围的不同，数据源可分为企业内部数据源和外部数据源，其中，前者包括 ERP 系统、人力资源管理系统、采购系统、生产系统、库存系统、销售系统、财务系统等；后者包括政策信息、宏观经济信息、原材料信息、竞争对手信息、分销商信息和供应商信息等。企业需要借助数据仓库和数据中台，有效地关联内部各个独立的系统，并且借助网络爬虫和 API，快速采集所需的信息数据。

（四）纵向对比财务分析指标，动态调整分析结论

企业应当纵向对比财务分析指标，动态调整分析结论，科学开展数据分析工作，综合考虑选择财务数据分析方法，筛选分析有代表性的信息数据，探索数据对象的内在规律，全面保障财务分析的精准性，促进财务分析结果与公司经营战略目标的融合，确保管理层更好地掌握财务分析结果，从而为公司管理层开展运营管理、投资决策、融资决策、风险管理、资产管理、预算管理和成本管理等管理工作保驾护航。

首先，企业应当结合自身内外部经营管理环境、所在行业的特征、公司自身的经营情况、未来发展方向和战略发展目标、当前所处的生命周期、主营产品特点等因素，开展基于大数据及可视化技术的数据分析工作，可借助数据挖掘和联机分析处理工具技术。数据挖掘技术属于预测性分析工具，有助于企业提取某些隐含在海量信息数据中的价值增值型信息；联机分析处理技术属于验证型分析工具，有助于企业财务管理人员从多个角度来对信息数据进行查询和多维处理分析，通过直观和简明的方式加以展示，适用于预算执行阶段。企业在应用数据挖掘技术时，应当从战略发展的层面上，准确把握自身的未来发展方向，科学预测生产经营目标，有效结合可被采信的信息数据，而在应用联机分析处理技术时，应当站在多个角度，多方位处理分析财务会计信息数据，对预测的指标进行验证和校核，及时修正偏离正常范围的预算指标。企业财务分析人员应当根据实际业务需要和对信息数据的理解，借助大数据和可视化工具，从多个维度、多个层级来提炼和探索信息数据，开展数据建模工作，为后续数据可视化工作做好数据分析模型铺垫。

其次，为了提高财务数据分析的严谨性，企业应当纵向比较财务分析指标，即以历史相应指标的均值为目标值，与当前发生的财务指标进行比较，也可实行同比或者环比的模式进行对比。财务管理人员在获取过去相应的财务指标时，应

当与销售部门、投融资部门、生产部门、研发部门、人力资源部门和采购部门等重要职能部门进行沟通和协作,为财务分析工作提供有力的财务数据支持和情况说明。

最后,企业应当合理运用财务分析结论,并且基于权变原理,动态调整财务分析结论。大数据及可视化技术与财务分析融合的关键在于为企业的战略发展目标奠定扎实的基础,企业需要按照当前内外经营环境的变化,借助数理统计方法和新一代信息化技术,动态调整优化财务分析结论的适用范围。如果企业管理决策层在开展对标分析工作和对未来市场环境进行研判之后,认为公司需要缩减控制当前的产品销售和生产规模,优化销售结构,调整负债结构,那么企业财务管理人员就应当及时地优化相应业务的预算目标,强化对成本费用的控制。

第二节　基于人工智能的企业财务风险防控

随着当前经济的快速发展,企业业务量不断扩大,财务需要处理的数据也在不断加大,而当前传统的财务模式,由于运算能力有限,无法对大数据进行深度的分析,不能做到对企业财务数据的进一步挖掘,从而为企业财务风险防控提供决策参考,增加了企业的财务风险。

一、人工智能的内涵

人工智能是研究、开发用于模拟、延伸和扩展人的智能的理论、方法、技术以及应用系统的一门新的技术科学,是计算机科学的一个重要分支。

人工智能致力于模仿人的学习、判断、推理等思维活动,它的实现形式可以分为两种:一种是工程学方法;另一种是模拟法。工程学方法是在早期被广泛采用的方法,是指借助传统的编程技术,依赖人工对逻辑进行设定,使系统最终呈现出一种"智能"的效果,但其得出结论的方法与人采用的方法基本不同。模拟法近年来取得了长足的发展,并在各行各业得到了广泛的应用。它是指借助一种或几种算法,不仅使系统可以展现出"智能"的效果,且其得出结论的过程也与人的思维过程相同或相近。对于简单的决策,两种方法都可以实现,而工程学方法更加简单且成本较低。但对于复杂决策，工程学方法就会变得非常烦琐，而且容易出错，且错误修补过程也非常复杂，相比之下模拟法就变得更加可行了。

二、人工智能在财务风险防控中的应用探索

（一）利用人工智能技术实现对财务数据的汇总和分类

当前，人工智能技术对财务风险防控的最早探索是对财务数据的汇总和分类，如在企业业务开展的过程中，按照业务的不同类别，对财务数据及时进行汇总，并按照数据的风险指标高低程度进行分类，从而达到为企业提供财务风险预警的目的。比如在信用卡业务的开展过程中，可以利用人工智能手段对用户消费的财务数据进行汇总，并按照用户还贷的信用等级，将用户的相关信息进行分类，从而达到对高风险用户和指标进行提醒的目的。

（二）财务数据核查及审核

随着互联网发展的不断加速，企业产生的财务数据越来越多，且企业相关业务的财务数据十分复杂，如果采用人工审核的方式，不能够达到对数据进行有效核查和审核的目的。而采用人工智能技术能够通过计算机算力的提升，实现对数据的实时处理，通过数据图像的展示和识别等方式，达到提取关键财务数据的目的，从而提高财务数据核查的效率。21世纪初，支付宝利用人工智能技术对纳税人的纳税信息进行了整合，通过智能化系统的运算，实现了个人所得税的智能申报和合并纳税，对财务数据图像的方式进行展示，降低了人工对财务数据的误判，从而大大提高了财务数据审核的效率。

（三）财务数据推理及演绎

人工智能在运算方面具有较大的优势，能够对大量的财务数据进行运算，并通过财务数据的运算，发现财务数据中的推理规律，实现未来财务数据的整理和分析，提高财务数据的分析效率。

(四) 财务经营决策与预测

人工智能的使用，能够通过对企业的财务数据进行深入的分析，探索财务数据中的内在关联，从企业的经营特点出发，针对不同的业务项目，给出未来的决策建议。目前，财务机器人就旨在通过对客户的财务数据分析，为客户提供未来经营决策的参考，从而降低客户的财务风险。

三、基于人工智能的企业财务风险防控机制设计

(一) 用于财务风险防控的人工智能技术分析

当前人工智能技术种类较多，但是从企业财务风险防控的角度来看，主要涉及对于大量财务数据的挖掘和分析、对于政策语言的自然语言处理、对于最新的财务政策的网络搜索和抓取，以及对于财务数据中间逻辑关系的推理和演绎的深度学习。现分析如下：

1. 数据挖掘及分析

当前，企业财务数据不断增加，只采用人工审核往往不能够及时地对财务数据进行分析，且在分析的过程中，由于人工审核的主观性，也会造成数据挖掘和分析中存在一定的失误。通过可视化图表的方式将枯燥的财务数据生动地呈现出来，从而提高企业预测和防控财务风险的效率。

2. 自然语言处理

为了构建智能化的财务风险预警体系，需要提高财务风险预警系统对财务数据的智能化判断程度，即能够按照智能化提醒的方式，对政策进行梳理并提醒财务人员，然后将最新的财务政策编译成计算机语言，作为财务风险预判的指标，为日后的财务风险预警提供依据。

3. 网络搜索

这种网络搜索既能够通过互联网数据的采集实现数据库的不断充实，又能够依据搜索的财务数据做横向比对，从而提高财务风险预警的准确性，达到风险防控的目的。

4. 深度学习

深度学习是人工智能技术在财务风险预警中的重要运用，通过对大量的数据深层次规律的判断，建立简单的分析模型，然后再通过不同信息的链接方式的输入，实现多层次关联的分析，提高人工智能的财务分析能力以及演绎推理能力，从而为运用管理提供决策。

（二）智能化的企业财务风险防控机制设计

1. 设计思路

智能化企业财务风险防控机制，本质上仍然是采用传统的财务风险防控思路，即采用财务风险预警和风险控制相结合的方式，只是基于当前企业财务数据不断增加的背景，单单依靠传统的风险防控，在风险的防控质量和时效性上都不能够得到充分的保障。因此，以下采用人工智能技术对传统的财务风险防控机制进行改造和优化，从而提高企业财务风险防控的质量和效率。主要的优化思路如下。

一是将财务风险识别政策和指标通过程序化编译的方式录入到财务风险预警体系中。将企业财务风险预警指标按照程序编码导入系统之后，系统会通过深度学习技术，按照所构建的风险预警指标识别体系的运算逻辑，做到对风险指标体系的动态及时更新，从而确保企业的财务风险预警指标体系能够与企业的发展相匹配。

二是通过人工智能技术实现对企业财务数据的筛选、分类、判别和分析，并形成企业财务数据风险的可视化报告。通过网络搜索技术对国家最新的财务制度进行抓取，从而让系统能够掌握最新的财务政策。通过数据挖掘及分析对企业各项业务的原始数据单据进行识别，按照单据的真伪进行分类，并对虚假的财务单据进行预警。对于展示的财务单据，则通过计算机的编程语言，将其转化为与系统相匹配的财务数据，并进行归类汇总。再按照企业所设定的财务风险预警指标体系，对企业的财务数据进行纵向的风险评价，按照评价结果，对当前的财务数据界定风险等级；同时利用横向数据库的指标比较，对比企业财务风险与行业平均、同一发展阶段企业的财务风险，并形成具有可视化作用的风险预警综合报告。系统地按照预警的结果，参考以往风险防控的对策，并结合网络搜索所获取的国家政策和其他类型企业的风险防控措施，提出合理化的风险防控措施，以便于企业能够做出合理的决策。

三是通过企业财务风险智能防控系统，将可视化的财务风险报告发送给财务人员，为财务人员提供风险防控的决策建议。企业财务人员按照智能财务风险预警系统提供的风险评估结果，对具体的风险点进行人工核查，确定是否存在风险，以及风险的预警是否科学，从而实现对风险预警的双层把关，确保风险的准确性。最后，企业财务人员结合智能财务风险预警系统给出的风险防控建议，再结合自身的财务工作经验，提出更加科学的建议，并将结果呈报给企业负责人，以便能够为企业的运营提供更加科学、合理的决策，降低企业在运营过程中的风险。

2. 智能财务风险防控模块设计

（1）构建财务风险预警指标体系

第一，纵向风险预警。针对每一项财务指标可能出现的风险，将风险存在的可能情况，按照一定的计算机语言进行编程，并录入到整个风险预警系统中。同时，利用人工智能的深度学习特点，实现智能财务系统对最新的财务风险预警指标的梳理和变更，做到财务风险预警指标的与时俱进，并为后期的财务风险分析和判断提供相应的依据。每一次风险预警指标体系的变动，都会通过可视化提醒的方式反馈给财务人员，待财务人员确认指标的变化后，新的财务风险预警指标体系方可生效。

第二，横向风险预警。横向风险预警主要是利用网络搜索技术，对于当前互联网内企业同行业内风险指标的具体数据以及行业平均数据进行网络抓取，并通过自然语言的处理，将其转化为可比较的风险指标，作为企业某项财务风险的横向比较参考指标，从而为风险预警提供参考。

（2）财务数据的智能化处理

第一，财务资料审核。利用人工智能技术对财务数据的真实性进行审核，通过对财务数据的原始凭证数据的核查，判断财务数据的真实性，并根据票据的有效性等特征，对财务数据进行分类与筛选。这一阶段主要利用网络搜索、自然语言处理、数据分析技术对企业财务数据原始凭证的真伪进行辨别。最后，将审核完毕的财务数据按照智能财务风险预警体系的要求进行计算机语言编程，转化为可以方便查阅的财务数据。

第二，财务云储备。对通过人工智能识别的财务数据进行分类存储，以便于后期对数据进行分析和判断。将财务资料审核按照不同财务数据类型在云端及时地存储，并对财务数据的基本逻辑关系进行分析和处理，构建起财务数据的基本分析模型和框架，从而为财务数据的智能判断逻辑推理提供基础。

第三，智能判断和预测。按照财务风险预警指标体系，将已有的财务数据加入到风险预警模型中，对比各项财务数据的风险高低程度，并按照风险程度由财务人员设置合理的风险预警指标线，然后将判断结果通过终端的可视化信息形式呈现给财务人员。同时，利用智能化的技术给出相应的对策和建议。另外，针对企业未来需要从事的业务，财务人员应将相关预算的数据录入到系统中，采用横向比对和纵向分析的模式，判断该项业务未来可能带来的风险，并给出相应的成本收益分析结果以及项目开展的建议，从而达到智能预测的目的。

（3）风险预警反馈

第一，信息发布提醒。智能财务风险预警系统能够实时地对国家财务政策的变化进行抓取，并及时更新系统内的政策数据库，每次数据的更新都会采用信息发布提醒的方式提醒财务人员，待财务人员阅读完毕后，点击确认方可完成操作。同时，信息发布环节提供国家相关政策的查询和检索功能，以便于财务人员能够通过关键词及时掌握国家最新的政策，避免财务风险的发生。

第二，智能风险反馈。通过人工智能技术对财务数据进行挖掘和分析，并利用深度学习等方法，实现财务数据之间关系的推理，然后通过纵向与历史数据和风险预警指标的比对，以及横向与其他企业数据的比对，演绎推理出当前企业财务数据可能面临的风险，并将主要的风险点通过可视化的方式呈现给财务人员。同时，对于风险发生的概率进行判断，并提示风险发生可能出现的损失等。

第三，财务决策建议。主要是依据人工智能所分析的财务数据可能的风险点，按照深度学习的理念，对每一项风险点的预防措施进行梳理，并给出最优的财务策略。针对未来措施的成本收益给出分析结果，以便于财务人员或管理者做出科学的决策。

（三）人工智能下企业财务风险防控应用的保障措施

1. 完善人工智能技术

当前，人工智能技术比较多，要结合企业财务风险预警对一些核心技术进行研发，提高技术的安全性。一方面，要加大对于财务数据挖掘和分析技术的研发，通过加大研发提供财务风险分析和判断决策的准确性。同时，针对深度学习技术，应当加强运用实现智能财务风险预警系统，能够对各项财务风险预警指标系统中的指标进行实时更新，并通过财务数据逻辑的推理，形成演绎算法学习，提高财务风险判断的效率。另一方面，要加大对于财务风险预测技术的开发保障。财务风险预警和预测，能够为企业的财务活动开展提供决策的依据，只有加强财务风险的预测，才能够为企业的经营活动提供更加科学的参考。这就需要对财务风险预测的相关数据标准进行规范、对预测技术的安全性进行评价，加快财务风险预测技术的应用。

2. 健全智能财务制度体系

政府应当从制度完善的视角出发，为智能财务风险预警系统的运行提供良好的运行环境，确保智能财务风险预警系统能够发挥相应的作用。一是要对财务数据的标准进行规范，要明确具体的数据标准，确保数据能够有效的对接。二是要推行财务数据的电子化。通过完善当前我国现有的财务数据系统与系统升级，为企业的财务数据电子化提供便利，让更多的企业愿意将财务数据电子化，从而为智能财务风险预警系统的构建提供基础。三是要完善政府公共财务数据指标的比对系统。政府应当利用自身资源，对各方面的财务数据进行整合，定期形成行业基本财务数据比对数据库，并对数据库的具体指标进行完善，以便于智能财务风险预警系统能够实现横向的比较。

3. 强化对于智能财务风险预警系统的安全监管

由于当前的人工智能在应用方面还存在一定的风险，因而需要加强对于信息安全的监管，确保智能财务风险预警系统能够在更大范围内应用。一方面，政府应当进一步完善我国信息安全制度，将对人工智能技术的监管纳入监督体系中来，明确从事智能财务风险预警系统方面犯罪的具体处罚措施，并对信息安全的技术等级做出明确的界定；另一方面，政府可以鼓励使用国产化的智能财务风险预警系统的方法，防控国外黑客对我国人工智能技术进行破坏，降低智能财务风险预警系统的技术风险，并组织网络警察等专业技术人员，做好各类技术风险的应对工作。

第三节　智能财务决策支持系统的构建与实施

一、智能财务决策支持系统概述

（一）智能财务决策支持系统的概念

智能财务决策支持系统是计算机人工智能和管理科学相结合的最新技术，是近年来计算机信息系统技术的最新发展，通过人工智能对话方式，为决策管理者提供一个将知识性、主动性、创造性和信息处理能力相结合，定性与定量相结合的工作环境，旨在支持决策工作，帮助高层管理者决策能力和水平的提高。一方面，大数据处理与数据爬虫挖掘技术的发展，使得企业大数据处理能力得到大幅度提升；另一方面，人工智能与专家系统的兴起和发展，促进了现代财务管理从信息化、网络化向智能化方向发展。也就是说，智能财务决策支持系统是企业财务信息化发展趋势所在，它有别于以 ERP 系统等业务核算系统为主要特点的传统企业信息化的发展特点。

智能财务决策支持系统是以现代管理科学为理论基础，以信息分析处理能力为技术基础，以计算机为工具，综合模型理论、控制论、数量经济学、模糊数学等知识理论，致力于解决财务分析、预测、控制与决策为一体的人机交互系统。

（二）智能财务决策支持系统的特点

1. 智能化

专家系统的引入和人机交互系统中人工智能的运用，使财务决策的形成过程更加智能化。在决策者和系统不断交互的过程中，系统可以根据决策者输入的问题和系统输出的结果不断积累数据信息，模型库可根据人机交互的实践不断更新模型，使系统做出的决策越来越符合企业的实际情况，能制定出更适合企业发展的财务决策。相较代码、SQL 处理与人工 Excel 计算，封装好的 ETL 功能更便捷、更易上手、更能满足数据处理的需求。相较固定报表、Excel，IFDSS 能够对不同数据、不同图标进行探索性分析，有针对性地处理不同的事务。此外，IFDSS 还可以进行数据自动更新，重复分析只需要做一次，整个决策管理流程权限分管，不同人只需要一个分析模板。

2. 自动化

IFDSS 使财务人员、管理层、决策者等用户可以实现自助分析、自由分析。接入多种数据源后，用户只须拖曳单元或在下拉菜单中选择需要查看的项目，就可以在可视化界面展示分析的结果。用户可以根据需求，结合业务需求方向，对数据进行有针对性的处理，以满足各个部门的不同用途，处理各方面的数据。

通过在模型库、方法库和知识库中加入公式、模型、知识和方法，可以基本实现对结构化问题的自动响应。对于非结构化信息的处理，系统也可以在不断学习中形成记忆，构造相应的模型，发现数据间的内在关系，以便更精确地形成决策。企业的决策不再完全依赖人工，一般的小型决策可以由系统自动做出，减轻了决策者的负担，使决策者可以专注于更重要的决策。

3. 全面性

在大数据技术的支持下，企业可以低成本进行数据的采集和存储，实现对信息全面完整地获取和分析，而非传统财务管理中的样本抽样分析。数据的全面性，一方面，使企业的财务管理能力和质量大幅提升，全面的数据挖掘和分析可使企业财务人员发现财务问题，防范财务风险；另一方面，使企业的财务决策更精准、有效，完整的信息数据克服了以往采样分析可能出现的统计结果偏离和失真，并可得出数据内部的相关关系，解决传统决策中人工分析产生的主观性过强的问题。

4. 高效性

IFDSS 中引入了多项 AI 技术，如专家系统、神经网络、机器学习等。将智能部件嵌入 IFDSS 中的不同位置，可以产生不同结构的 IFDSS。AI 技术通过对历史数据进行学习，可以知识推理的定性方式辅助决策，使传统的财务决策由单一类型、单一功能发展为多类型并存、多功能并行的财务决策系统，其内容也由单一的定量分析发展为定量分析和定性分析相结合，使决策过程中的人工干预比例降低，有效地提升决策的效率和效益。

二、人工智能下财务决策支持系统构建的必要性与可行性

（一）人工智能下财务决策支持系统构建的必要性

1. 现有系统缺陷

（1）现有系统财务决策支持智能化程度有待高

现有系统主要通过提供信息的方式辅助财务决策，这使得其实际上主要发挥了计算器功能，而无法直接为管理者提供决策建议。同时，现有系统中存储的公式、决策模型等难以更新，对财务决策的支持限于常见的杜邦分析等财务分析功能，使得其输出结果缺乏针对性，尤其是面对非结构化的财务决策问题时，往往不能提供决策者真正需要的分析结果或决策方案。另外，数据作为财务决策的基础，其质量高低对财务决策的准确性至关重要，但现有系统难以判别其所收集数据的真实性、可靠性，这使得决策者始终要保持警惕，以防范数据失真对财务决策的影响，因而对现有系统的依赖程度有限。

（2）现有系统财务决策支持效果有待完善

在决策有用信息方面，现有系统侧重对企业内部业务及财务信息的收集，而忽略了诸如行业信息、政策信息及宏观经济信息等外部信息的收集，甚至还有一些关键的决策有用信息需要决策者补充，这导致决策有用信息的完整性不足，降低了决策有用信息的质量。决策有用信息质量直接影响了财务决策的质量。另外，对于一些大型集团化企业来说，下属公司拥有各自的财务软件，数据格式难以统一，也无法实现实时收集和汇总，从而使这些下属公司成为信息孤岛，加大了集团层面财务决策的难度。

在财务分析和决策模型方面，目前国内外学者提出了众多财务分析与财务决策模型，这些模型具有广泛的适用性，且经过不断的优化，大大提高了财务分析与决策的准确性。尽管如此，这些模型中的变量普遍是通过列举和试错选出的，具有滞后性且不够全面。因此，在利用这样的模型进行财务分析和决策时，还需要决策者综合各模型的计算结果、行业信息、市场信息、宏观信息以及个人的经

验，决策者的专业素养对分析和决策结果的影响重大，这将导致财务决策质量的不稳定。并且，依赖人工常常难以发现海量数据间隐含的逻辑关系，使财务分析与决策模型的优化十分困难，重要影响因素的丢失同样加剧了财务分析与决策质量的不稳定。另外，受限于人类的计算能力，现有财务分析与决策模型采取的数量关系比较简单，以线性模型居多，对模型的简化虽然使模型应用更加便利，但无疑会影响财务决策的准确性。

（3）现有系统财务决策支持成本较高

由于现有系统的支持效果与通用性无法兼得，为了保证决策质量，多数现有的系统都是针对某一种财务决策进行设计的，难以解决其他财务决策问题。同时，财务决策支持系统的构建成本通常较高，不可能对所有问题构建对应系统，因此决策支持成本较高，适用范围较小。

（4）现有系统财务决策支持及时性有待更新

由于原始数据格式不统一，在运用现有系统进行财务决策前，需要依赖人工对这些数据进行整理、汇总和重新输入，这使得数据准备时间过长，影响了财务决策制定效率。并且，现有系统无法自主在海量信息中筛选出决策有用信息，因此存在提供的决策信息过多且缺乏针对性的问题，决策者筛选决策有用信息的过程不仅降低了决策效率，还可能由于无关信息的干扰影响财务决策质量。同时，由于人机交互机制不够完善，计算机与决策者沟通不畅，使得财务决策支持的效率和效果都大打折扣。

2. 新系统的优势

（1）新系统智能化程度显著提高

新系统中的财务分析、预测和决策模型不再是固化的。新系统对这些模型的智能优化可以分为两个方面：一方面，是对现有模型的优化，即在现有模型的基础上采取增加行业影响因素、宏观影响因素等变量，或改用拟合效果更好的非线性数量关系等方式提高其分析、预测或决策的质量；另一方面，是新模型的构建，即通过对数据之间隐含的数量关系、相关关系或因果关系的深度挖掘，构建出新的财务决策模型，从而更好地实现以提供财务决策备选方案的方式辅助财务决策。

另外，在决策有用信息质量方面，新系统的应用一方面在绝大范围内实现了计算机对业务及财务数据的自动收集、整理和分析，尽可能地减少了人为因素对数据质量的影响，也大大提高了财务决策制定的及时性；另一方面，在涉及会计估计这类在一定程度上依赖于财务人员的专业能力且具有一定主观性的业务中，新系统通过更广泛的市场数据收集和估计模型优化，提高了会计估计的客观性、准确性和合理性，进而保证了会计信息的质量。

（2）新系统财务决策支持效果优化

在决策有用信息方面，与现有系统相比，新系统更加注重企业外部决策有用信息的收集和整理，从而为财务决策提供了覆盖企业内外、涵盖多个维度的高质量决策有用信息。同时，集团及子公司数据被及时收集、整理并存储于数据仓库中，形成了多维度的决策有用信息。这使得各子公司不再是信息孤岛，集团管理层可以随时查阅其业务及财务数据，保证了集团层面财务决策支持的效果。在财务分析、预测和决策模型方面，模型智能优化的实现使新系统可以为不同企业以及企业中不同层次的管理者提供具有针对性的财务分析和预测结果，并制订出符合其个性化决策需求的财务决策方案，从而提高财务决策的支持效果。

另外，新系统可以帮助决策者有效地减少非理性决策。通过广泛收集企业内部和外部数据、财务和非财务数据、微观和宏观数据，并以海量数据为基础进行财务分析和财务预测，可以帮助决策者突破人类固有的信息处理能力和认知能力限制，避免由于心理或环境影响做出非理性决策，从而找到约束条件下的最优财务决策方案。

（3）新系统财务决策支持成本降低

新系统收集的海量信息可以实现一次收集多次使用，在应对不同的决策目标时，不需要重新收集数据，甚至重新构建财务决策支持系统，大大降低了单次决策支持的成本。同时，由于财务决策支持成本的下降，中低层管理者也可以应用新系统进行财务决策，从而扩大了财务决策支持系统的适用范围。财务决策支持范围的扩大有利于提高企业整体财务决策客观化、科学化水平，提高财务决策质量，保证企业的健康、长远发展。

（4）新系统财务决策支持及时性提高

一方面，新系统智能化程度的提高使数据收集、整理和分析能够由计算机自动进行，节省了人工进行数据准备和信息筛选的时间；另一方面，新系统的人机交互系统更加完善，决策者可以使用自然语音与新系统进行沟通，从而更准确地表达财务决策需求，使新系统可以获取更清晰的财务决策目标，从而提高财务决策效率和效果。

(5) 新系统的应用推动管理会计与财务会计融合

财务会计数据以货币形式描述了企业当前的经营现状，是财务分析、财务预测与决策的数据起点，也是管理会计的基础，管理会计是在财务会计的基础上对企业经营和融资活动进行的进一步分析核算。使用管理会计数据进行财务分析可以更加准确地了解企业的财务绩效，进而做出高质量的财务决策。新系统的应用，使财务会计与管理会计在会计核算阶段就开始相互融合。伴随经营活动、投资活动和融资活动的展开，新系统通过实时数据收集，直接对企业业财信息按照财务会计和管理会计的要求分别进行分类、计算和存储，实时更新管理会计信息，避免了管理会计信息的滞后性，从而提高了财务决策的及时性。同时，管理会计信息的实时更新也为监督决策执行效果提供了数据支持，可以推动会计由事后核算向事中控制和事前决策延伸。

（二）人工智能下财务决策支持系统构建的可行性

1. 经济方面可行性

新系统的构建成本包括前期系统建设和训练成本以及后期维护和人才培训费用等支出，具体成本水平因企业构建新系统前业务和财务信息化程度以及员工素质不同而存在差异。当前大数据技术已经逐渐成熟，其应用成本已逐渐下降，而人工智能技术也在持续快速发展，未来其应用成本也会逐渐降低，因而新系统的构建成本会呈下降趋势。而新系统的运用可以优化财务决策流程，减少决策者的非理性决策，同时可以使全体员工广泛参与财务决策，形成群体决策的氛围，提高决策执行的积极性，并能够对财务决策执行过程进行实时监督和反馈，因此可以有效地提高企业财务决策的质量和执行效果，为企业带来更大的经济收益。另外，财务决策失误，尤其是战略层面的失误，会给企业带来巨大的损失，新系统的应用可以有效地减少或避免财务决策失误的发生，从而减少决策失误的机会成本。因此，新系统的构建在经济方面是可行的。

2. 技术方面可行性

（1）文字识别与大数据技术保证决策有用信息质量

借助文字识别技术，新系统可以自动收集含有预设关键词的各类公开信息，这些信息经过数据清洗和数据挖掘后被分类存储于数据仓库中。数据仓库中存储的企业内外财务与非财务信息支持对企业财务状况、行业因素以及宏观经济影响等的分析，为管理者提供全面且多维度的决策信息。而在进行财务决策支持时，通过自动识别决策目标中的关键词，可以根据不同的决策目标，有针对性地提取数据仓库中的各类信息，从而为决策者提供高质量的决策有用信息，减少决策者进行信息筛选的工作量，降低非决策有用信息对决策者的干扰。

（2）数据挖掘与深度神经网络算法保证财务分析与决策模型优化

借助数据挖掘以及深度神经网络算法，新系统可以寻找海量数据之间的逻辑关联，发现被忽视的影响变量，甚至归纳出新的财务分析或决策模型。计算机强大的数据处理能力使模型不再需要简化，从而提高了模型的准确性。对数据之间逻辑关系的挖掘减少了对人工经验的使用，提高了财务分析及预测结果的客观性和可靠性。以销售量预测为例，新系统通过对历史销售数据、竞争者数据、市场数据以及宏观数据的分析，可以得到相对精确的销量预测模型，对产品销量做出更加准确的预测。销售量预测是许多财务预测和决策的起点，其预测质量的提高必然会对财务决策质量的提高带来积极的影响。

（3）自主学习和深度学习算法保证财务决策生成

借助自主学习和深度学习技术对计算机进行训练，可以使新系统获得财务决策制定模型，并能够随着系统应用次数的增多，对模型不断地进行优化，以保证财务决策质量。当前市场上已经出现了一些智能投资应用，即普通的个人投资者可以通过一款应用了人工智能技术的手机应用进行投资咨询，该应用根据风险偏好等特征帮助投资者选择合适的理财产品。这其实就是一次投资决策方案制订，尽管企业的财务决策更加复杂，但仍可借鉴其思路。

（4）语音识别和自然语言处理技术保证人机互动实现

语音识别和自然语言处理能力是新系统开启决策支持功能的基本保证。近年来，这两项技术取得了很大的进步。比如，iOS 系统中配备的 Siri 智能私人助理就可以通过声音识别主人，理解主人发出的指令，并和主人使用自然语言进行交流。因此，在新系统中加入语音识别和自然语言处理功能以实现更加高效、充分的人机互动是可行的。

三、基于人工智能的财务决策支持系统机制的构建

（一）新系统功能与结构

新系统由数据层、分析层和交互层三部分组成。

数据层主要进行数据收集、清洗、数据挖掘以及存储工作。借助自动数据传输程序以及自然语言处理技术可以快速获取本地数据库中存储的业财信息、审计信息、信用信息等内部决策有用信息，以及在互联网上公开的政府政策信息、税务信息、汇率信息、市场信息、法律信息、宏观经济信息等外部信息。这些海量异构数据被进行数据清洗和数据挖掘，从而形成多维度的决策有用信息，并被分类存储在数据仓库中。数据仓库为新系统的深度学习和财务决策制定奠定了强大的数据基础，同时数据的提前处理和分类汇总也为财务决策制定的及时性提供了保证。

分析层负责开展财务分析、财务预测和财务决策活动。财务分析是开展财务预测和决策的基础，财务决策依赖于财务分析和财务预测的结果。分析层包含知识库、方法库、模型库及其各自的管理系统以及人工智能分析系统。知识库中存储各类财务知识、常识及推理规则等数据，方法库中存储财务分析、预测及决策方法，模型库中存储财务分析模型。三个数据库的管理系统一方面负责接收人工智能分析系统的指令，从相应的库中调取所需知识、方法和模型；另一方面，嵌入深度学习算法，在后台自动进行新知识、新方法和新模型的建立及对已有知识、方法和模型的改善，从而及时更新知识库、方法库和模型库。人工智能分析系统负责接收人机交互系统传达的财务决策目标，并据此向各库管理系统和数据仓库发送指令，接收数据进行分析，最后将结果反馈给人机交互系统。人工智能分析系统中包含若干嵌入深度学习算法的推理机，这些推理机一部分负责根据财务决策目标确定所需知识、方法、模型和画像的种类，另一部分负责进行财务分析以生成各类画像，还有一部分负责财务预测和决策的生成。

所谓"画像"，是指通过数据分析和推理得到的以数字表示的对某一事物的全

面描述。比如，根据数据仓库中的数据对组织结构、治理机制以及风险偏好等企业特征进行刻画，并对财务绩效、现金流情况、财务风险水平等客观情况开展实时分析，可以得出客观、准确的企业画像。同时，通过对企业面临的投资、筹资环境、市场环境、宏观经济环境等外部环境信息进行分析，还可以形成外部环境画像。需要强调的是，各类画像中不仅包含最终形成的高度概括性的分析数据和结论，还可以进行数据钻取，可根据后续计算的需要钻取至原始数据。依赖深度学习算法，可以实现企业画像和外部环境画像的匹配，进而进行财务预测，并在此基础上综合财务分析的结果，最终得到财务决策。在整个财务决策制定流程中，对于具有高度重复性、逻辑确定并且稳定性要求相对较低的部分，可运用机器人流程自动化（RPA）工具实现自动化处理，从而进一步提高财务决策制定效率。

为了提高财务决策需求产生时系统的反应速度，在财务决策支持需求频率较低的时间段，如企业下班时间，新系统可根据以往的财务分析、财务预测和财务决策的需求，推测未来可能的财务决策目标，并进行相关分析工作。当人机交互系统传达财务决策需求时，人工智能分析系统会根据深度学习的结果将企业画像、外部环境画像与决策目标相匹配，从而得到适当的财务决策。以企业金融资产投资决策为例，将由企业画像得出的企业财务状况和风险偏好等变量，由外部环境画像得出的市场系统风险、风险溢价等变量以及由金融工具画像得到的不同融资策略的风险、成本等变量代入决策模型中，通过深度学习算法，将企业需求与金融工具特点进行匹配，从而选出最优投资组合。

另外，在财务决策执行过程中，通过不断更新数据仓库中的数据，新系统自动进行财务分析和预测，这一方面实现了画像及时更新，为财务决策效率提供了保证；另一方面，实现了对财务决策执行情况的监督和控制，使风险点的及时预警和必要时对财务决策的及时动态调整成为可能。

交互层是联系新系统与决策者的纽带。人机交互系统使用语音识别和自然语言处理技术，因此决策者可以使用自然语言与新系统进行沟通。在进行财务决策的过程中，人机交互系统通过对自然语言的处理形成财务决策目标，同时将财务决策目标传达给人工智能分析系统。在完成财务决策后，通过人机交互系统，输出财务分析报告、财务预测报告以及综合上述报告信息的财务决策报告，或根据决策者需求编制的订制报告。

（二）新系统信息化决策驱动机理

股东作为财务决策结果的最终承担者，可能会因信息不对称而无法发现高管的代理问题，导致利益受损；高管作为企业的实际管理者，日常经营决策的制定同样受制于信息的片面性和模糊性。因此，高质量的决策有用信息是保证决策质量的基础。提高决策有用信息质量应从提高数据的多维性、全面性和准确性入手。因此，新系统以大数据为基础和驱动力。

借助互联网，新系统可以实时获取财务报表信息、供应链信息、市场信息、行业信息、证券市场信息以及网络舆情信息等海量结构化、半结构化数据和非结构化数据。这些原始数据从多个方面描绘出了企业自身财务状况和面临的外部财务决策环境，但这些数据结构混乱、质量参差，无法直接用于财务分析，因此需要经过数据清洗和数据挖掘。经过大数据技术处理过的原始数据变成了多维度的决策有用信息，并按主题分类存储。以某类产品为例，通过多维度的决策有用信息，我们可以从产品型号、产量、销量、主要市场等多个维度提取其有关的信息，快速获取某时某地该产品的销售情况。正如可以通过流动比率和速动比率等指标判断资产流动性，通过这些多维度的决策有用信息，深度学习算法会根据之前训练的结果对企业的偿债能力、盈利能力、经营能力、成长能力、风险承受能力、风险偏好等要素加以评价和判断。相比之前通过固化指标得到的评价结果，人工智能技术基于指数级指标得到的结果更加准确，从而保证了财务决策的适当性。

基于决策有用信息进一步开展财务分析、财务预测和财务决策工作。借助现有财务分析方法和对应的深度学习算法，可以对企业偿债能力、发展能力、盈利能力和营运能力进行分析评价。财务分析数据连同企业特征数据构成了企业画像。

同理，通过对其他主题多维决策有用信息的分析处理，可以得到外部环境画像、资产画像、客户画像等多类财务决策信息群。当财务决策目标产生时，根据深度学习算法在训练时得到的模型，新画像被订制，各类画像间相互匹配，并对不同匹配路径下未来的财务活动成果进行预测和分析，得到财务预测数据。在此基础上，选择可以最大限度地满足财务决策目标的行动路径作为财务决策。决策者可以通过人机对话对输出的财务决策进行修正，修正的过程会影响最终的决策模型，以提高下次决策的质量。得到令人满意的财务决策后，决策者可以选择输出通用财务决策报告或订制个性化报告。

财务报告的生成意味着海量数据到财务决策的转变全部完成。在这个过程中，数据被不断精简，并被赋予财务含义，推动了财务决策的最终生成。最后，财务决策执行过程中产生的数据又被重新收集，形成了"数据—知识—财务决策—财务决策执行—新的数据"的闭环。

（三）新系统决策模型构建

新系统在以管理会计信息为基础构建的大数据决策有用信息的支持下进行包括筹资决策、投资决策、成本决策、股利分配决策和特殊财务决策在内的财务分析、预测和财务决策支持工作。

1. 筹资决策

首先，通过财务分析得到企业画像、外部环境画像和筹资工具画像，为筹资决策提供数据准备。财务决策目标可能包括但不限于筹资期限、筹资金额和筹资成本要求等。其次，当收到筹资决策目标后，新系统根据目标要求，在各类画像中提取相关的决策有用信息，包括企业的偿债能力、发展能力、营运能力、盈利能力、风险偏好等，外部环境中的银行利率、汇率、税收政策及市场风险等，以及各种筹资方式下的筹资工具风险、成本等特征，并借助深度学习算法将这些信息进行匹配，预测每种筹资路径下的筹资成本、筹资时间等数据。最后，根据财务预测的结果，提出财务决策方案并根据决策者需求出具相关报告。

2. 投资决策

企业画像和外部环境画像是投资决策的基础，根据投资决策目标的不同，可能与决策相关的因素还包括偿债能力、营运能力、治理结构以及利率、税率、市场及行业因素和法律法规的合规性等。然后根据具体的决策目标，提取不同数据进行大数据分析和数据挖掘，订制拟收购企业画像、新产品画像、新设备画像、新技术画像以及金融工具画像等。在此基础上，根据投资目标中包含的对投资回报率、投资规模等方面的要求，选取合适的算法，将各类画像进行匹配，并进行财务预测，最后根据财务预测结果生成财务决策并出具相关报告。

3. 成本决策

根据不同的成本决策目标，可以在企业画像的基础上进行数据钻取，获得人力成本画像、生产成本画像以及资金成本画像等，以更详细和准确地揭示企业在人力资源、生产经营和资金使用等方面的成本构成和成本规模。同时，当成本决策目标涉及供应成本或销售成本时，应订制供应商画像或分销商画像。然后根据决策目标中包含的对成本规模、产品或服务质量等方面的要求，对各类画像进行匹配，并对可能产生的财务后果进行预测，最终得到成本决策。

4. 股利分配决策

根据对企业画像治理结构数据的钻取和外部获取的股东相关信息，就可以描绘包含股东性质、股东收入构成和股东风险偏好等信息的股东画像。根据股利分配决策目标的要求，关注企业能力、外部法律法规要求、税收政策、投资机会以及不同股利政策和股利支付方式的适用条件和优缺点，将各类画像相匹配，寻找公司发展和股东权益保护之间的均衡点，从而做出最优决策。

5. 特殊决策模型订制

新系统不限于提供传统的财务决策支持辅助服务，对于上述财务决策目标之外的决策辅助需求，决策者可以进行特殊决策模型订制。当特殊财务决策需求产生时，借助深度学习算法，新系统会根据以往决策经验自动推理需要的画像类别，决策者可以对画像类别以及画像涉及的具体分析方面进行调整和修正。然后根据对财务决策目标的分解获得需要采用的分析方法，并应用对应深度学习算法进行运算，从而得到财务分析和预测。最后根据财务预测结果，提出决策建议供决策者参考。同时，本次财务决策支持过程中涉及的画像类型、分析预测结果以及最终决策等内容都会作为下一次特殊财务决策模型订制的素材进行分析和储存。

（四）新系统工作原理

财务决策通常是基于管理会计信息，综合其他决策相关信息，并借助专门的分析方法和模型做出的。比如，新产品开发投资决策需要收集变动成本、机会成本、专属固定成本等相关成本数据，并选择适当的定价方法预测新产品的利润。同时，还应综合企业的资金状况、市场需求情况以及宏观经济情况等财务和非财务信息做出决策。新系统在进行财务决策支持时也是基于"决策有用信息—财务决策方法和模型—生成财务决策"的原理进行的。

1. 决策有用信息的获取

决策有用信息是财务决策的始点。对于企业来说，一切信息皆是决策有用信息。因此，新系统在进行信息收集时不对信息进行筛选，从而保证决策有用信息的全面性。为提高决策有用信息的相关性和可用性，需要对这些数据进行进一步加工，即对非结构化数据借助自然语言处理技术进行结构化处理，提取关键实体信息，并挖掘这些信息间蕴含的数据关系。结合经过数据清洗的结构化数据进行数据挖掘，新系统可获得包含数据本身和数据间复杂关系在内的高质量的决策有用信息。

2. 财务决策方法和模型的建立

财务决策方法和模型是连接决策有用信息和财务决策的纽带，反映了二者之间的逻辑关系和因果关系。因此，财务决策方法和模型对于财务决策质量的影响重大。借助深度学习算法，我们向新系统输入决策有用信息，如果其做出了正确的财务决策，我们就给做出正确决策的神经网络增强权重；反之，就减少权重。这个过程就是对新系统的训练过程。在经过足够多次训练后，新系统就会总结出自己的财务决策方法和模型，在不需要人类参与的情况下做出财务决策。这些财务决策方法和模型可能有别于当前已固化的模型，相比固化模型，这些方法和模型是更加复杂的函数体系，对数据的拟合程度也更高。并且，随着训练次数的增多，这些方法和模型会更加复杂，因此财务决策质量也会随之不断提升。

3. 财务决策的生成

当新系统收到财务决策目标时，就会启动财务决策支持程序。新系统会根据财务决策目标选取经过训练得到的财务决策方法和模型，并根据方法和模型选取决策有用信息，经过计算和分析，最终生成财务决策。

四、人工智能下财务决策支持系统实施路径的构建

人工智能技术的应用为企业智能财务决策系统的实现提供了强大支撑。在人工智能环境下，企业可通过构建财务决策支持系统的实施环境、订制财务决策的具体路径、明确财务决策评价原则并持续完善系统、建立人机协同机制等途径实施财务决策支持系统。

（一） 实施环境构建

系统正常运转需要周围环境提供支持和保障。实施环境包括相关支持系统和规章制度。支持系统为新系统正常运行提供了物质、数据和人力资源方面的保证，而配套的制度支持则明确了责任和权限，规范了新系统的应用秩序。

1. 支持系统构建

（1） 基础业务及财务系统构建

企业原有的业务及财务系统，如 ERP 系统、HR 数据库等是新系统所需企业内部数据的重要来源。一方面，相比人工处理的数据，计算机处理的数据往往具有更高的可靠性，因此基础业务及财务系统覆盖范围越广，自动化程度越高，新系统中数据质量越高，进而为提高财务决策质量提供了保障。另一方面，基础业务及财务系统的构建使得数据导入工作可以完全由计算机进行，大大提高了数据导入的效率和效果。因此，在构建新系统前，企业应先完善基础业务及财务系统构建。

（2） 数据仓库构建

从基础数据库收集的信息都在经过清洗、加工和归类整理后按主题存储于数据仓库中，因此数据仓库中存储了各层次财务决策所涉及的全部数据。也就是说，数据仓库为财务决策提供了数据基础。因此，企业构建一个安全可靠且容量充足的数据仓库是必不可少的。大型企业可以构建自己的数据仓库，这种数据仓库构建成本偏高、可拓展性较差，但是可通过内网连接，安全性有保障。企业也可以选择云端数据仓库，其由专门的运营商构建和维护，企业只需要支付使用费，大大节省了企业的时间成本、人力成本和财务成本。同时，其安全性近年来也在不断提高。

（3） 相关人才系统构建

新系统的使用是在公司财务领域的一次变革，不仅涉及管理者传统财务决策方式的改变，也将影响到普通员工的日常工作。因此，企业一方面应关注员工心理，通过领导带头的方式积极推进新系统构建工作；另一方面，应对员工以及管理层进行必要的培训，使他们能够尽快熟悉和掌握新系统的功能和使用方法。同时，新系统的应用将会替代基层管理者完成其大部分原有工作，企业应加强对基层管理者的职业发展培训，使其掌握更高级的管理或专业技能，帮助员工提升能力，从而为企业创造更大价值。

2. 相关制度支持

（1）授权制度

新系统为不同层次的管理人员提供财务分析、财务预测和财务决策支持，涵盖集团及不同级别子公司的业务及财务数据，涉及大量公司机密，因此必须对不同层次的使用者规定适当的权限，并严格禁止权限外的操作，以保护数据安全。

新系统使用者的权限主要包括财务数据审阅权、财务数据修改权和财务决策支持权。权限设置应与不同层次管理人员的需求相匹配。对于公开信息应赋予所有新系统使用者查阅的权限，同时根据职能层次限制数据钻取的权限，达到权限设置的目的。高层管理者应区分集团高层管理者和子公司高层管理者。集团高层管理者的财务决策需求往往关系集团的整体战略，涉及集团长远发展，因此应全面掌握集团内外部信息，以保证其可以实时进行报告审批和数据查询工作，并满足其财务决策的数据需求。子公司高层管理者的数据钻取权限则受到一定的限制，仅限于钻取本公司全部信息。中层管理者的财务决策需求主要涉及各部门自身发展，如控制部门成本，因此其数据钻取权限应限制在本部门内部信息范围内。基层管理者的需求一般涉及企业日常经营活动，如原材料补给等，因此仅应被授予与其工作需求相关的数据钻取权限。

基于反舞弊考虑，财务数据修改权应被严格控制，并执行授权审批程序。由业务和财务系统自动生成的数据不允许进行人为修改。当人工录入的数据出现错误需要修改时，应遵从不同业务部门的审批程序，如财务数据需要修改凭证记录时，须经会计主管取消审核；其他没有修改权限的人则严格限制对新系统数据的修改。

财务决策支持权同样与管理者层次相匹配。禁止为管理者提供高于其所在层次的财务决策支持，以防止企业商务机密泄露。同时，财务决策报告也仅限本次财务决策支持发起人和其上级管理者查阅。在新系统下，基层管理者的财务决策需求基本可由新系统自动完成，但基层管理者仍可随时查看这些财务决策报告，以实现对新系统的监督。

（2）追责制度

企业管理层始终是财务决策的主体，财务决策支持系统为其提供辅助决策功能，以帮助其提高决策质量，但最终决定权仍掌握在决策者手中，因此采用新系统并不应同时减轻管理层的责任。当出现错误的财务决策时，这项决策的发起者应对其负责，并视企业遭受的损失承担相应的责任。基层管理者应负有对新系统代替做出的财务决策进行监督的责任，因此当自动执行的财务决策出现失误时，应查明基层管理者是否尽到了监督义务，若未尽到则应由其承担失职的责任。

（二）财务决策具体订制路径

1. 常规决策

常规财务决策是指企业在日常生产经营活动中频繁发生的财务决策事项，如最佳库存选择、采购时点确定、应收账款催收等，这类财务决策通常属于结构化或半结构化决策。通过对新系统的训练，可以得到这类财务决策的最佳决策模型。以采购时点确定决策为例，新系统通过实时收集的业财信息，可以监控原材料的仓储量、每日生产领用情况；根据销售合同、车间生产计划书等资料可以预测未来领料量；再结合供应商规模、销售情况、地址、天气等信息可以精准计算材料到达需要的时间。当上述信息代入训练得到的决策模型中满足再订货点时点选择条件时，新系统就会做出采购决策，并自动通知仓库等相关部门。此类决策由各部门基层管理者主导，其所在部门负责执行，所涉及的基层管理者仅须定期对决策结果进行抽查，保证系统运行的稳定性即可。

2. 复杂决策

复杂财务决策又可称为特殊财务决策，是指企业在日常生产经营活动中不经常涉及的财务决策。这类财务决策虽然发生的频率低，但通常影响重大，因此对财务决策的质量要求更高。这类财务决策通常不再由财务部门主导，而是由中、高级管理层以及董事会或专门成立的项目组负责。这类决策可以进一步分为两种类型：一种是新系统曾训练过财务决策，另一种是全新的财务决策。

对于曾经训练过的财务决策，新系统可以根据训练得到的知识和模型得出最终决策，但为了保证每一次的决策质量，在新系统做出决策后，应由负责组织对财务决策结果进行检验和评估。新系统会记录决策者对最终决策的修改，并对决策模型中的相关系数进行调整。每一次财务决策过程也是对新系统的训练，随着决策次数的增多，新系统的准确性和稳定性也会不断提高。

新系统并不是只能解决经训练的财务决策问题，对于全新的决策，新系统也可以借助已有的知识和模型做出自己的推理和预测，并形成初步决策。决策者在获得财务决策结果后，可通过自然语言与新系统进行沟通，对决策条件进行补充和修正，进一步细化财务决策方案，针对部分财务决策进行深度的探讨等，直至形成满意的决策方案。同样，在决策者对财务决策结果进行修正时，新系统会自主学习，并不断形成新的知识，优化参数设置，进而提高未来应对全新决策的能力和财务决策质量。

无论是常规财务决策还是复杂财务决策，新系统都会跟踪和记录决策执行结果。当结果符合决策目标时，相关参数会被加强；当结果出现偏差，但在企业可接受范围内时，系统会对参数进行修正。对于严重偏离决策目标的结果，新系统会分析成因，在修正模型的同时向负责部门或组织输出分析报告。

（三）财务决策评价与系统持续完善路径

1. 财务决策评价原则

（1）财务决策目标匹配原则

目标是财务决策的起点，不同层次的决策者具有不同层次的财务决策目标。高层次决策者的决策目标更加侧重于企业整体发展，如并购决策、新市场开发决策等；而低层次决策者的目标往往更加具体化，如供应商选择、生产线选择等。对于不同层次的目标应匹配不同层次的财务决策方案。针对高层次的目标，财务决策方案内容涵盖范围应更广、方案分析应更细致，以实现对企业整体发展的指导作用；而针对低层次的目标，方案应更具体、具体执行步骤应更明确，以方便基层执行者参照执行。

（2）财务决策方案可行原则

财务决策对企业发展的影响一方面来自决策自身质量；另一方面来自决策执行效果。尽管新系统在财务决策制定过程中已经充分考虑了企业内部资源和外部环境的影响，在决策执行之前仍应再次进行可行性评价，以确保财务决策质量。财务决策可行性评价要重点关注企业当前是否具有执行方案必需的关键资源，关键资源是否可以调用，以及用于该层次的财务决策方案中是否符合成本收益原则。另外，还应关注企业外部环境是否能够满足方案实施条件，综合评估方案风险水平并确保其在企业可接受的范围内。这个原则在决策者参与的财务决策中尤为重要，一方面，是因为涉及决策者参与的财务决策往往是复杂、非程序化且十分重大的决策，这样的决策对企业发展影响力更大，因而应更加谨慎；另一方面，是因为管理者的能力限制和主观臆断等因素在修改决策方案时可能会无意间影响方案的可行性。

（3）财务决策过程合规原则

财务决策的程序正确是保证财务决策高质量和稳定性的重要基础。财务决策的制定始终遵循"提出财务决策目标—目标分解—画像—画像匹配—财务预测—财务决策方案制订"的过程，省略过程中的任何一个环节，都会影响财务决策质量的稳定性，形成企业发展的隐患。因此，新系统在每次方案制订完成后都要进行自检，以保证过程的正确性。

（4）执行效果达标原则

财务决策执行效果是影响企业未来发展的另一个重要影响因素，因此在对财务决策进行事前评价之外，也要对财务决策的执行进行事中和事后评价。执行效果评价可以借助主要财务指标和业务数据与行业平均水平、行业领先水平、主要竞争者、企业历史数据以及预算数据的比较分析进行，同时也要注意收集不同层次管理人员和实际执行者的反馈意见，当涉及企业外部利益相关者时，也要及时收集他们的反馈，从而使执行效果评价更加全面客观。对企业全体员工意见的收集有利于形成全员参与企业财务决策的氛围，通过对员工积极性的调动，更益于保证财务决策执行效果。另外，由于实际执行者往往比管理层更富有实操经验，对他们意见的收集有助于发现理论分析中忽略的问题，也能进一步评价财务决策的可行性。

（5）财务决策过程成本收益原则

数据收集越全面，财务分析越详细，财务决策的质量就越有保证，但同时进行财务决策的成本也越高。如果借助新系统进行财务决策后，财务决策制定成功带来的收益无法弥补决策成本，那么即使财务决策质量得到显著提升，新系统也会被束之高阁。因此，财务决策过程应符合成本收益原则，对于不同重要程度的决策目标，应设置不同的精度，进行不同详略程度的财务分析和预测，从而在保证决策质量的前提下控制成本。

（6）财务决策过程高效率原则

财务决策的制定是为了更好地把握经营机会，而机会是具有时效性的，如果财务决策制定过程效率太低，以至于错过了机会，即使最终得出的方案是正确的也失去了意义。因此，财务决策过程的高效率与财务决策的高质量一样重要。财务决策过程的高效率原则一方面要求新系统在进行数据运算时能够选择合适的算法，提高运算速度；另一方面同成本收益原则一样，要求对于不同重要性的决策目标控制不同的分析程度和决策精度，从而节约资源、提升决策效率。

2. 系统持续完善路径

系统持续完善伴随财务决策评价进行，财务决策评价贯穿于财务决策的事前、事中和事后，并始终遵循上述原则。

当最终决策方案制订完成后，应先进行决策过程合规性评价、目标匹配性评价和可行性评价，只有当这三个评价都达标后，才会发布财务决策，并通知相关人员执行。在执行过程中，应实时收集业财数据，并开通员工意见反馈通道，收集各层次员工的反馈，同时借助官网、营销人员电话沟通等手段收集外部利益相关者的反馈，从而对财务决策的执行效果进行监督和控制，并对可行性进行二次评价，以保证企业以高效率朝着正确方向发展。在财务决策执行完毕后，再对其进行综合评价，包括对财务决策制定过程的成本收益原则评价和效率评价。对于重大财务决策，可以根据管理层需求出具分析报告，报告内容可涉及财务决策制定过程、修改次数及原因分析、执行效果评价等。

在财务决策正式实施前，当对决策过程合规性评价出现问题时，应评价问题对最终财务决策目标匹配性和可行性的影响，视影响程度考虑是否需要暂停财务决策的执行。同时，因为过程合规性问题的存在可能还会导致其他财务决策出现同样的失误，所以应及时分析导致问题发生的原因并进行弥补。当目标匹配性和可行性出现问题时，应立刻停止执行，并查找问题出现的原因，尤其注意该问题的出现是否还涉及过程合规性问题。只有当修改后的财务决策通过上述三个评价后才能进入执行阶段。在财务决策执行过程中，如果发现实施效果不尽如人意，应分析决策可行性是否存在问题以及企业外部环境是否有重大变化，并视实际情况决定是否需要暂停执行。如果可行性出现了问题，在调整现有财务决策的同时，还应注意查找决策过程和可行性检验过程存在的问题。如果外部环境出现了重大变化，应及时对财务决策进行相应的修正，并对新决策重新执行上述评价程序。在修改财务决策方案的同时，新系统收集错误出现的原因，通过自我学习对自然语言处理系统、财务分析和决策模型等进行调整和修正，以提高下次财务决策支持的质量。

（四）人机协同实现机理

决策者是财务决策的主体，主导财务决策的进行，人工智能下的财务决策支持系统旨在为决策者提供更加智能和化个性化的财务决策支持，通过实现人机协同提高财务决策质量，而非取代决策者的职能。人机协同通过充分的人机交互活动得以实现，并贯穿于财务决策方案制订和执行过程始终。

1. 财务决策目标提出与分析

财务决策目标由决策者提出，是新系统开始财务决策支持的驱动力。当新系统接收到决策者提出的具体财务决策目标后，其自动对目标进行分析，分解出其中隐含的约束条件，整个过程不需要人工参与，由新系统自主进行。目标分析效果受到训练次数的影响，对于新出现的复杂决策，分析效果可能不够理想，因此在决策方案生成后需要决策者进行审定。

2. 财务决策方案制订与反馈

财务决策方案制订与反馈由新系统主导。根据财务决策目标分析的结果，新系统自主调用企业画像，进行财务分析、财务预测和财务决策方案制订工作，并以图形、表格等多种形式输出决策方案和依据。决策者不需要参与新系统中决策的生成过程，但这并不意味着决策者不参与财务决策制定，因为对于复杂或重要的财务决策，决策者应在决策结果输出后对报告进行审阅，并对自动生成的财务决策进行审定和修正。

3. 财务决策方案审定与修正

财务决策方案审定与修正需要人机高度且密切配合。财务决策报告包含决策过程中涉及的财务分析和财务预测数据，并可根据需要向下钻取原始数据，从而将决策思路清晰地呈现给决策者，决策者可以检查决策逻辑，并将根据自身知识和经验得出的决策与新系统的财务决策进行对比，当出现差异时，决策者可直接在系统中对决策方案进行修改，也可修正或加入新的决策约束条件，并要求新系统重新决策。审定与修正过程对于复杂或重要的财务决策是必不可少的，这一方面保证了最终财务决策的质量；另一方面也使新系统得以自主学习，从而提高每次决策的准确性。

4. 总结与评价

总结与评价由新系统主导。对于修改后的财务决策，新系统自主对最终结果进行保存和评价，对于不符合标准的方案及时预警，提醒决策者注意；对于合格的方案则直接输出。评价过程虽由新系统主导，但仍需要企业内外部利益相关者的广泛参与。通过收集利益相关者的反馈，对财务决策制定及执行效果进行跟踪和持续改善。评价结果一方面以报告形式定期输出并交由管理层审阅，另一方面用于新系统的自主学习。

第五章　智慧财务管理中的新技术应用

第一节　大数据时代下的财务管理信息化融合

一、财务管理信息系统的开发背景

财务的信息管理系统在企业中包含了设计、产品、企业管理、生产过程以及市场经营等信息，这些都和财务的数据信息联系非常紧密。尽管各个企业的主要业务都不同，但每个企业的主要资源都含有财务管理。可以说企业信息研究的中心就是财务管理。财务信息管理系统包括资金流以及信息流的管理，并且在成本上也有很大的控制，能够有效地将实际的企业业务在企业的财务信息管理系统上运行。

在 CRM 以及 ERP 系统实施时，财务信息管理系统占据着核心的位置。对于整个的 ERP，财务信息系统相对于其他的系统来说，已经能够很早地实现信息系统的处理，很多的企业都是先处理一些财务信息，接着将企业的流程进行规划，这样财务的管理便能够慢慢地向供应链的相关业务中的决策方面、再造的信息资源方面、管理等方面进行有效的过渡，在其他的一些方面都与财务信息管理方面有相关的信息数据交往，这些方面都相互交织起来，形成了一个比较完整的信息系统。所以，在现代这个信息化的时代，企业财务管理系统能够在很大程度上提高企业办事的效率，为企业做决策起着非常重要的作用，在一定程度上减少了人力、物力，因此，研发企业财务管理系统对企业来说是当务之急，这对企业利益有很大的影响。

二、财务管理信息系统的需求分析

(一) 系统业务分析

1. 固定资产管理业务流程分析

固定资产是指企业运作所需的非资金流的资产，如办公室的桌椅、茶具、柜子等办公所需的实体物资。固定资产管理是对企业中各部门采购的物资进行管理，包括对物资的采购、对采购物资的报销以及对采购物资以及报销材料的审核。固定资产管理是企业财务信息管理的基础环节。

固定资产管理业务流程为：首先企业中各部门将采购物品申请发送给财务部，财务部对该物品申请进行审核后交由财务主管进行审定，财务主管审定后，总经理判断是否对该物品采购申请进行审批，若不审批，则各部门继续申请物品采购；若审批，则各部门开始采购物品，并办齐报销的材料，财务部门签批该发票后交由财务主管。财务主管判断是否审批该报销的材料，若不审批，则各部门重新办齐报销的材料；若财务主管审批该报销的材料，则财务部将该发票报销，并将固定资产入账，此次固定资产管理结束。

2. 员工信息管理业务流程分析

员工信息管理是对进入企业中的员工的个人信息进行记录与保存，若员工的信息有变动则可以进行更改。员工信息管理在企业的财务管理中处于很重要的地位。员工信息管理业务流程为：首先新进员工填写个人的基本信息表，并将该个人基本信息表提交给人力资源部，人力资源部查阅员工的个人基本信息后判断该信息是否有误，若存在错误，则员工重新填写个人基本信息表；若没有错误，则系统保存该员工的信息，并将新进员工的信息提交给财务部门，财务部根据名单为新员工建立个人财务档案，并保存档案供后期使用，此次员工信息管理结束。

3. 工资管理业务流程分析

工资管理是对企业中员工的工资计算、审核以及发放进行管理。工资管理是企业财务每个月要做的事情，是企业财务信息管理的核心部分。工资管理的业务流程为：首先财务部获取到企业的员工表单后根据名单拟定员工的工资发放表，财务主管审核该工资发放表，若拟定有误，财务主管交由财务部进行修改，财务部根据名单重新拟定工资发放表；若拟定无误，则财务部根据工资表发放工资。员工领取到个人工资后，审核自己的工资是否有误，若有误，则财务部核实该有误的情况后重新发放工资；若员工审核自己的工资无误后即在工资表上签名，此次工资管理结束。

4. 凭证管理业务流程分析

凭证指的是用于证实财务事件的发生，登记在账簿上，并能够明确个人的经济职责的拥有社会法律保障的书面证明。凭证管理是在发生财务事件时，对凭证的填写、审核、入账以及保存。以下是凭证管理的业务流程：首先凭证管理员发现了财务事件后填写原始凭证，并将该原始凭证提交给出纳，出纳审核该原始凭证，若审核有误，则需要凭证管理员重新提交原始凭证；若出纳审核原始凭证无误，则交由财务主管审核。财务主管若审核原始凭证有误，则交由出纳重新进行审核；若财务主管审核凭证无误，则交由凭证管理员填写记账的凭证，并且将凭证进行入账，此次凭证管理业务结束。

5. 往来管理业务流程分析

企业经营中经常有一些往来的账款在企业中流动，而对这些往来的账款的核对、审核、收款等管理就是企业财务信息管理中的往来管理业务。往来管理的业务流程为：会计进行财务对账，并核对企业的往来账款，将该往来账款提交给财务主管进行审核，财务主管审核该往来账款的核对结果，若审核未通过，则会计重新核对企业的往来账款；若核对账款结果通过，则财务主管在往来账款上签字盖章，并将往来账款交由出纳进行签字。出纳审核该往来账款，判断是否在该往来账款上签字，若出纳审核后不签字，则财务主管继续审核往来账款的核对结果；若审核后通过，则出纳收付该账款后结束往来管理业务。

6. 账簿管理业务流程分析

在企业中一切的资金流动都有相关的账簿，为了保证企业的资金链安全，需要定期地对企业进行查账，从而保证企业账目的正确性。账簿管理的业务流程为：首先财务主管进行定期查账，财务部查询当期所有的账簿，并请求查询相应的凭证，凭证管理人员向财务部提供相应的凭证，财务部核对了账簿和总账对应的情况后，若账簿和总账不一致，则交由财务主管处理该不一致的账簿，财务主管处理完成后交由财务部继续核对账簿和总账的对应情况；若核对账簿和总账是一致的，则财务部将该查账情况提交给财务主管审核。若财务主管审核该查账情况不通过，则交由财务部继续核对账簿和总账；若财务主管核对该查账信息正确，则财务主管签字盖章，此次账簿管理结束。

（二）系统功能需求分析

1. 固定资产管理功能需求分析

企业财务信息管理系统中的固定资产管理的详细功能需求有以下九点：

①当各部门需要采购物资时，系统具有编辑各部门采购物资申请的功能。

②系统具有审核该采购物资申请的功能。

③若物资采购申请有误，系统具有修改物资采购申请的功能。

④系统具有记录采购物资报销材料的功能。

⑤系统具有审核采购物资报销材料的功能。

⑥若采购物资报销材料有误，系统能够指出不全的地方。

⑦系统具有将固定资产入账的功能。

⑧系统具有记录固定资产信息的功能。

⑨系统具有查询固定物资信息的功能。

2. 员工信息管理功能需求分析

企业财务信息管理系统中的员工信息管理的详细功能需求有以下八点：

①当新员工进入企业时，系统具有记录新员工的个人信息的功能。

②若员工填写的信息有误，系统具有对该员工的信息进行修改的功能。

③系统具有对员工的个人信息进行审核的功能。

④系统具有对员工的个人信息进行查询的功能。

⑤当员工离职，系统具有对员工的个人信息进行删除的功能。

⑥当员工的信息有所变动，系统具有对员工的个人信息进行更改的功能。

⑦系统具有对员工的个人信息进行保存的功能。

⑧系统具有为新员工建档的功能。

3. 工资管理功能需求分析

企业财务信息管理系统中的工资管理有以下详细功能需求：

①系统具有编辑企业员工工资标准的功能。

②随着企业效益的变化，系统具有修改企业员工工资标准的功能。

③当新的企业财务管理员进入企业时，系统具有查询以往企业员工工资标准的功能。

④每个月，企业财务系统中的管理员根据员工的工作情况，能够在系统中拟定一份工资发放表的功能。

⑤该工资发放表交由财务主管审核，若财务主管觉得该表有误，具有修改该员工工资发放表的功能。

⑥若工资发放表没有错误，系统可以供企业财务管理员查询工资发放表的功能。

⑦员工领取个人工资，若对个人工资存有异议，系统可以提供异议申请的功能。

⑧员工领取个人工资，系统具有记录员工领取工资状态的功能。

⑨员工工资发放完成后，系统具有核算发放情况的功能。

⑩员工工资发放完成后，系统具有保存这些工资发放信息的功能。

⑪系统提供工资条打印的功能。

4. 凭证管理功能需求分析

企业财务信息管理系统中的凭证管理有以下详细功能需求：

①当凭证管理员发现财务事件时，系统具有提供编辑原始凭证的功能。

②管理员提交了原始凭证，系统具有审核原始凭证的功能。

③若原始凭证有误，系统具有修改原始凭证的功能。

④若原始凭证无误，系统具有存储原始凭证的功能。

⑤原始凭证存储在系统中，系统具有查询原始凭证的功能。

⑥若原始凭证无误，系统具有编辑记账凭证的功能。

⑦系统具有入账的功能。

5. 往来管理功能需求分析

企业财务信息管理系统中的往来管理有以下详细功能需求：

①当企业财务中出现往来账款时，系统具有对该往来账款进行核对的功能。

②当将往来账款核对结果进行提交后，系统具有对该核对结果进行审核的功能。

③若审核该往来账款有问题，系统具有对往来账款结果进行修改的功能。

④当往来账款信息过了很久，系统具有将过期的往来账款进行删除的功能。

⑤往来账款审核通过后，系统可以提供查询该往来账款信息的功能。

⑥往来账款审核后，系统具有保存往来账款一切信息的功能。

⑦出纳审核往来账款，通过后，系统具有收付往来账款的功能。

⑧若系统收付往来账款出现问题，系统具有申请问题解决的功能。

6. 账簿管理功能需求分析

企业财务信息管理系统中的账簿管理有以下详细功能需求：

①当财务部查账时，系统具有提供账簿查询的功能。

②当财务查账需要凭证时，系统具有提供凭证查询的功能。

③当财务部核对账簿和总账是否对应时，系统具有提供账簿和总账配对的功能。

④若该对账簿金和总账不一致，系统具有处理该不一致的功能。

⑤若财务部查账得到结果，系统具有审核该查账情况的功能。

⑥若该查账结果有问题，系统具有修改该查账结果的功能。

⑦若该查账结果没有问题，系统具有保存该查账结果的功能。

⑧若有财务部人员想要查看该查账结果，系统具有提供查账结果查询的功能。

⑨若查账结果过了很久，系统具有删除该查账结果的功能。

⑩若财务部人员需要对查账结果进行复制，系统具有复制查账结果的功能。

三、财务管理信息系统的设计应用

（一）系统结构设计

1. 软件体系结构设计

企业财务信息管理系统的软件有业务层、用户层和数据层。用户层中客户端软件向业务层的服务器端发送请求，业务层接收了该信息后与系统中的数据库系统建立沟通信息，业务层中的服务器端信息即便会发送至相应数据用户层中的客户端软件。

2. 硬件体系结构设计

企业财务信息管理系统的硬件包括服务器、防火墙、路由器、客户机以及打印机。

（二）系统功能模块划分

企业财务信息管理系统包括六个功能模块，分别为固定资产管理功能模块、员工信息管理功能模块、工资管理功能模块、凭证管理功能模块、往来管理功能模块及账簿管理功能模块。

（三）系统功能模块设计

1. 固定资产管理功能模块设计

企业财务信息管理系统中的固定资产管理流程：企业财务信息管理系统在获取各部门的采购申请信息后，财务主管审核该采购申请是否通过，若该采购申请审核未通过，则系统提示未通过信息，此次固定资产管理结束；若该采购申请审核通过，则系统连接到数据库。系统判断插入的信息是否成功，若成功，系统提示采购信息保存完成；若系统判断插入的信息未成功，则系统提示插入数据库出错，此次固定资产管理结束。

2. 员工信息管理功能模块设计

企业财务信息管理系统中的员工信息管理流程：系统获取到员工的基本信息，连接到系统的数据库，若连接未成功，系统显示数据连接失败，则员工信息保存失败，此次员工信息管理结束；若系统连接数据库成功，系统执行该插入语句。若插入信息未成功，则系统显示插入数据库出错；若系统插入信息成功，则员工信息保存完成，此次员工信息管理结束。

3. 工资管理功能模块设计

企业财务信息管理系统中的工资管理流程：企业财务信息管理系统首先验证员工的编号，并连接到系统的数据库，若连接未成功，则系统提示连接数据失败，此次工资管理结束；若系统连接数据库成功，则系统执行该查询语句。系统判断是否搜索到记录，若没有搜索到，则系统显示该信息不存在；若搜索到记录，则系统显示员工的工资条，此次工资管理结束。

4. 凭证管理功能模块设计

企业财务信息管理系统中的凭证管理流程：系统获取到设置的科目以及凭证的信息后，获取到凭证信息的核对情况，若核对未通过，则系统显示凭证核对未通过；若核对通过，则系统获取人员信息和时间信息并保存该凭证信息，此次凭证管理结束。

5. 往来管理功能模块设计

企业财务信息管理系统中的往来管理流程：系统获取到往来账款的查询条件，查询往来账款的信息后，核对往来账款的情况，若核对往来账款情况不一致，则系统核对该不一致信息，系统保存该核对情况；若系统核对该往来账款情况一致，则系统显示往来账款核对完成，系统保存该核对情况，系统提交该审核，此次往来管理结束。

6. 账簿管理功能模块设计

企业财务信息管理系统中的账簿管理流程：企业财务信息管理系统获取搜索条件后连接到系统的数据库，并判断是否成功连接到系统的数据库，若连接数据库不成功，则系统提示连接数据库失败，账簿管理结束；若连接数据库成功，则系统将条件传入搜索语句，执行数据库操作，若记录不存在，则系统显示账簿不存在。

第二节　云计算环境下财务管理信息化建设与技术应用

一、云计算技术概述

（一）云计算技术的概念

云计算属于分布式计算的一种，集成了多种信息通信技术，是多种传统技术平稳演进的产物，是一种以数据和处理能力为核心的密集型计算方式。云计算通过网络"云"可以将庞大规模的数据处理程序分解成多个小程序，再通过多个服务器组建成的系统对小程序进行分析与处理，最后将处理结果反馈给用户。其中虚拟化技术、分布式数据存储技术等都是云计算中的核心技术，可以高效、快速地对海量数据进行大规模处理，在最短时间内实现强大的网络服务。

（二）云计算技术的特点

云计算是继计算机、互联网技术后信息时代的一大技术创新，具有很强的扩展性和需要性，以下是云计算的显著特点。

1. 信息共享十分便捷

云计算使得在设备和应用程序之间共享数据变得便捷，在云计算模式中，数据仅须保留一份，即保存在"云"的另一端，通过将云端与电子设备进行连接，并对电子设备进行授权，就可以打破空间与时间限制对所需的数据进行访问、获取、使用与修改。在这种模式下，极大地提升了相关数据的传输与采集效率，进而提升人们的工作效率。

2. 资源存储量庞大

云计算是基于互联网大数据背景下的一种技术，具有对海量数据进行存储与处理的功能。云计算技术在软硬件资源的支撑下，可以作为一种数据处理平台被使用，提升数据资源的存储容量。

3. 存在安全隐患

云计算安全隐患主要包括云外部与云内部两种安全隐患风险。外部隐患包括云计算对数据控制力度不足、易造成数据丢失、黑客易入侵、信息易泄露等；内部隐患主要指企业数据安全隔离方面，数据丢失后是否可以及时恢复等。

二、基于云计算的企业财务管理信息化建设实施策略

基于云计算的企业财务管理信息化建设，其实质就是通过云计算技术的运用，使企业在财务信息化的过程中不必再自行搭建系统和平台，而是将信息资源分步骤向云计算迁移。改进优化云计算环境下的企业财务管理，应该重点在以下三个方面采取措施：

（一）全面地考虑云计算环境下财务新系统建设的影响因素

首先，应该充分考虑安全问题，特别是由于云计算模式下，有关财务信息化

的基础设施都在服务商手中，因此必须在云端数据的获取与访问等方面加强控制。其次，应该充分考虑成本问题，也就是全面分析基于云计算的企业财务信息化建设的主要成本以及维护费用等，确保成本效益的最大化。最后，应该充分考虑功能可扩展性，也就是能够结合企业的实际发展情况等，对财务管理信息系统的有关功能等进行优化完善。此外，还应该充分考虑到云计算财务管理新系统建设的难度，确保各种技术能够有效运用。

（二）优化财务管理信息系统的建设流程

在云计算环境下企业的财务管理信息化建设流程优化方面，首先，应该对企业财务管理信息系统的建设需求进行分析，一般来说往往包括以下三方面：实现企业内部财务管理业务流程的整合，降低企业的财务管理成本；为财务管理信息化提供专业服务，同时实现财务数据在企业内部的快速流通，避免信息孤岛问题的发生；对企业的财务会计政策等进行统一，对企业的财务管理工作业务进行规范。其次，应该按照基于云计算的企业财务管理信息化建设，重点优化企业财务管理组织结构，并对有关的财务管理工作业务流程进行再造，尤其是应收、应付、总账、资产管理、费用报销等方面的有关业务流程进行整合。最后，应该注重实现整个财务管理信息系统的优化改进，尤其是通过财务管理工作业务的监控、效果评价、报告分析等作为依据，不断改进提升。

（三）进一步强化基于云计算的企业财务管理信息化建设的系统性

企业的财务管理部门应该根据新时期各种信息技术发展的实际情况，实现财务共享管理模式与云计算、移动互联网、大数据等技术有机融合，重点是对云计算环境下的财务管理信息系统进行合理的优化，建立集中、统一的企业财务云中心，构建财务共享服务、财务管理、资金管理等工作于一体的系统化的财务管理体系，以丰富企业财务信息化管理系统的应用功能，进而实现财务工作方面核算、报账、资金、决策在企业内部的协同效应。

三、基于云计算的企业财务管理信息化建设重点分析

（一）确保核心数据由企业自己掌握

在云计算模式下的财务管理信息系统，各类财务数据都是上传到了服务商所提供的云存储平台上，虽然大多数云平台都具有相应的安全机制，但是也很容易出现数据泄露，因此在具体的运用过程中，企业应该根据信息的重要程度来决定是否选择云平台。

（二）科学合理地选择平台服务供应商

基于云计算的条件下完善企业的财务管理信息化建设，在平台的选择上应该慎重，应该充分考虑到服务商的信誉、服务水平、成本价格等方面，重点还应该考虑服务商的技术实力，尤其是在云计算环境下财务管理方面的可靠性、专业性、安全性以及技术支持等方面的实力。

（三）对自身的有关机构设置及业务进行优化

基于云计算的财务管理模式，将会对企业传统的财务管理工作带来全新的变化，在这种情况下，企业应该根据实际情况等对自身的机构设置以及有关的业务流程等进行重组优化，对财务管理信息系统进行配套，以最大限度地提高财务管理工作效率。

四、云计算技术在财务管理中的应用

伴随着我国经济与现代化科学技术的飞速发展，云计算技术、区块链技术等科学技术都广泛渗透到了财务管理领域，为企业的财务管理提供了计算与存储能力。在这样的发展趋势下，许多企业都开始运用云计算、"互联网+"等大数据思维对内部产业与业务进行整合与重构，大大提升了企业决策管理与财务管理的工作效率，使得改革后的新型财务管理模式更加便捷化、安全化、智能化，为财务管理带来了巨大的时代变革，推动了企业财务管理的创新与改革。

（一）云计算技术为财务管理带来的优势

各大企业在财务数据管理方面要求极高，财务数据是计算数据、经济状况、资金流动等有关企业资金情况的重要依据，也是企业的命脉所在。大数据时代的到来，将人们带入了一个极其智能化的数据时代，云计算技术等现代化科学技术应运而生。从企业角度来看，基于云计算技术的财务管理工作模式可以为企业的财务管理带来诸多优势，比如实现财务资源的实时共享、减少财务人员的工作强度、降低企业财务管理方面的运营成本等。通过云计算技术加强财务管理控制的力度与管理会计的建设，可以实现财务数据的数字化与智能化，利用云覆盖对大量数据进行挖掘，还可以为企业的管理层与决策层提供准确的数据依据，以及完整的财务会计信息与企业财务报表，使企业决策层做出的决策更加科学、合理，进而提升企业的运营能力。

除此之外，云计算技术具备的超强计算和处理能力，还可以实现企业财务管理的智能化管理，在对海量财务数据进行收集、存储、运算及处理方面发挥着不可替代的作用。传统财务管理模式逐渐被取代，基础工作都逐渐被信息化所取代，为财务管理未来的发展方向指明了新的目标。

（二）云计算技术在财务管理中的应用与优化

1. 构建云计算财务管理系统

财务数据的准确性对财务管理工作非常重要，通过将云计算技术与企业财务进行融合，构建基于云计算技术的财务管理系统十分有必要。云计算财务管理系统可以实现各类财务数据的收集，并通过大数据系统对诸多数据进行一定程度的处理，从而确保企业财务数据的准确性与企业财务的安全性。定量分析在企业财务的数据管理应用方面，借助云计算可以对数据进行实时的分析处理，充分发挥其在数据处理方面的优势；此外，云计算在数据挖掘方面也具备一定的优势，可以分析数据间的关联性，挖掘出众多数据中的异常数据，通过对财务数据的高效处理推动企业实现核算、决策等方面的协同应用。

2. 加强风险管控力度

云计算作为以数据为核心的信息时代中的一种数据处理技术，逐渐被广泛推崇与应用，在云计算技术的不断地改革与创新基础上，财务管理领域也应与时俱进，完成与云计算技术的高度契合，以促进财务数据的高效处理。基层财务人员和管理人员应不断丰富自己的知识体系，主动了解云计算和大数据技术的发展动态，结合企业的实际发展情况，借助云计算技术与大数据技术制定适合企业发展的应急措施，加强云计算技术应用的风险管控力度，以此实际财务风险的有效规避，在以云计算推动财务管理发展的基础上从更深层次提升云计算技术应用的安全性，避免企业财务数据的泄露，保障财务数据的真实性、准确性、可靠性与安全性。

五、云计算技术在财务管理信息化中的应用

（一）云计算在财务管理信息化中应用的意义

企业财务管理信息化可以运用云计算技术，实现对财务数据间接式的控制。云计算技术可为企业的信息数据安全提供更多支持，企业借助云计算的应用，有助于加速财务管理信息化建设的步伐。对于企业而言，实现基于云计算的财务管理信息化是一项兼具降低成本和提高效率的管理手段。实现企业财务管理信息化，将对会计工作的改革和发展产生促进作用，也将使得财务管理工作更趋规范和完善。通过落实这项工作，能够使得企业更有效地规避经营风险，持续优化信息化建设的成效，使企业资源利用效率达到理想水平。此项举措有利于企业实现更高的经济目标，对提升企业的经济实力具有深远的影响。因此将云计算应用到财务管理信息化的过程，对企业的未来发展是极具建设性的。

（二）云计算在财务管理信息化中应用的优势

1. 财务管理信息化的成本降低

云计算通过网络技术向购买者提供软件服务，企业在有需要时能够自主选择对应的服务系统。由于云计算提供的服务是以租借的形式被企业所用，企业可以节约包括资源的购置、安装以及管理费、软件使用许可费用、购买数据库、中间件等平台软件费用等一系列规模庞大的资金，用较少的投入获得最新的硬件、稳定的软件平台以及优质的财务管理服务，避免了支付大额基础设施建设费用和运

营费用，即避免了固定资产的采购及成本折旧。因此，应用云计算技术，在很大程度上缓解了企业资金紧张、融资困难、主营业务难以开展等问题，大大降低了开展财务管理信息化的成本。

2. 财务管理信息化的专业程度提高

云计算技术通过互联网推送的形式，将最新的财经咨询、客户的具体信息以最快的速度传递给企业，大大提高了信息处理的效率。企业将大量财务数据存放在云端，缓解了公司内部存储空间的不足，可以避免因机器故障出现的数据丢失现象。企业应用云计算技术，可以实现企业内部到外部的财务数据的集合采集，缩短了时间成本，提高了工作效率，从而更有利于员工良好地开展财务工作。同时企业的管理者在第一时间得到充分的数据，对企业风险识别和把控更具时效性，实现对企业的财务状况的实时掌控。

3. 数据管理的可靠性增加

云计算运用现今优越的信息技术，将用户的财务数据集中存放在网络空间，并实行分布式存储的方式。一方面，云计算将超大空间的网络服务器提供给企业使用，并配以专业团队对企业的财务管理做出分析控制，规避了员工业务技能不足造成的数据安全问题，由此使得企业在系统中存储的数据信息更具可靠的保障。另一方面，云计算改变了原始整体存放数据的形式，转变为多个部分进行分布式存储的新形式，就避免了因企业设备故障引起的数据的丢失，相比原始的数据存储方式更具可靠性。

（三）云计算下完善企业财务管理信息化的对策

1. 提高企业人员对云计算和财务管理信息化的认识

一些中小企业由于生产规模不大，开展财务管理信息化工作受到了资金的限制，由于缺乏专业人员，也造成对云计算技术的应用不够重视。对此，企业要努力拓宽融资渠道，不断提高业务拓展能力，努力扩大生产规模，提高整体经济实力，以便吸引复合型专业人才的加入。对于企业内部，管理者应加强有效的控制和管理，如不断完善企业制度、明确分工与合作、提高奖惩力度等，也将对专业人员的流失加以有效的控制。

企业开展财务管理信息化是一个循序渐进的过程，企业管理层对财务管理信息化认知程度，对会计人员宣传的力度都决定了在企业应用的效果，首先企业管理者要对云计算的原理和运行方式进行探究，充分了解财务管理信息化过程中可能面临的风险和机遇，并寻求一系列可执行的有效解决方案。企业管理层要统一领导、分级管理，对员工宣传应用云计算技术的优势和意义，以便财务管理信息化工作的顺利进行。同时要重点关注兼修财会与计算机的复合型人才，对相关岗位的从业人员要加强定期的培训，使其可以适应企业基于云计算下的财务管理信息化的业务要求。

2. 加强管理力度，应对安全问题

（1）加强管理力度以适应技术水平

财务管理的信息化与技术优势的有效发挥需要会计人员足够专业的操作能力做支撑，企业财务管理信息化影响着企业目标的实现和整体的运行，完善企业管理水平对于充分利用先进技术工具至关重要。在云计算的应用过程中，要加强管理力度，调动财务人员主动提升自身操作能力。财务人员及会计相关人员必须拥有强大的财务信息把握力，转变传统的工作理念去理解全新模式的财务管理，要具备高素质以适应如今新形势下的管理方式。与此同时，注重对企业新员工的引导与培养，使其充分了解财务管理信息化的建设模式，在工作中发挥主观能动性，自觉为企业信息化发展做出贡献。

（2）做好数据安全问题的应对机制

云计算环境下，数据的安全性并非得到绝对保障，电脑被病毒感染使数据遭受攻击的风险依然存在，一旦财务数据被非法泄露或窃取，都会给企业带来一次重创，因此，企业应预先面对可能出现的风险和安全危机，以免当问题发生时束手无策。首先，企业人员应选择知名服务商的正版产品，充分研究产品的隐私防范能力以及数据存储和保护能力，与服务商签订安全协议，确保财务数据的安全性；其次，企业应在计算机设备上采取一些防范措施，如安装杀毒软件并定期进行查杀，对登录系统的人员进行身份认证并加密信息等；最后，对于存放在系统的财务数据的安全问题应保持足够的重视，应当对其进行定期的数据备份和迁移操作，防止出现令企业遭受损失的情况。

3. 注重服务商选择和服务质量

目前传统的软件商逐渐意识到财务管理信息化的变更趋势，来自各个平台开发的云计算服务产品令人眼花缭乱，这里面有资深的财务信息化软件品牌，如用友系统、金蝶系统等；也有初步踏入云计算领域的开发商，如阿里巴巴。各大厂商相继推出云计算服务，为企业提供了财务核算的基本需求。然而就此也产生了一些问题，由于云计算信息系统本身的技术水平尚不完善，服务商提供的不同类型产品往往具有不同的界面风格和侧重标准，对此企业应尽量结合自身特点，与口碑良好的服务商合作。一些云计算产品的系统内容单一，这些产品便很难满足企业对于财务数据进行准确评估和预测等高层次的需求，对此企业首先要明确自身财务管理的需求，深入研究不同产品的信息系统所提供的具体内容，以便取得与企业需求相对应的服务。

第三节　智能化与财务管理

一、人工智能技术对财务管理的推动

（一）RPA 技术对财务管理的推动

1. RPA 技术的概念及特点

机器人流程自动化（Robotic Process Automation，RPA）是一种基于软件机器人和人工智能概念的计算机脚本语言，用于实现用户界面（UI）的自动化技术的软件工具。RPA 具有多功能、跨应用的特点，可以执行删除重复、可复制和常规性任务解放劳动力，以此达到帮助员工提高效率的目的，还可以联通企业内外部信息系统，使数据的集成存取便捷简单，以此提高用户的使用感。

RPA 擅长于模仿人类操作方式解决大量重复性质的工作，其具有以下的技术特点：第一，持续工作。RPA 可以全天候 24 小时操作处理，这大大提升了企业财务管理的工作效率。第二，规则明确。前期工作人员需要编写基于明确规则能够完整运行的脚本，促使 RPA 能够持续运行。第三，以外挂形式存在。RPA 在另外的系统中运行，不会改变企业的架构。第四，高强模仿能力。RPA 按照人工操作方式来运行。

2. RPA 财务机器人的概念及功能特点

财务机器人是 RPA 技术运用于财务领域的产品，它可以模拟在现实工作中会计人员的工作流程进行自动化操作，根据 RPA 的技术特点发现它适合代替工作人员完成工作量大、规则明确、重复率高的基础业务内容。我们可以把 RPA 财务机器人当作是财务部门的虚拟会计，从事的工作为传统的人工操作中重复性的工作流程，只不过被放置在特定的流程节点进行自动化的工作。

结合 RPA 的功能和特点，总结出 RPA 财务机器人的功能如下：第一，数据检索与记录。计算机模拟财务人员常规人工操作的流程，并记录这套程序，在相关类似的业务发生时自动触发执行需要数据的检索与记录。第二，图像识别与处理。RPA 财务机器人借助 OCR（Optical Character Recognition，光学字符识别）技术自动扫描识别凭证等文件，并提取出与业务相关的文字、数据，再经过系统筛查，留下可以用于自动化处理的数据。第三，平台上传与下载。RPA 财务机器人根据预定的运行脚本自动登录企业内外部信息系统，完成相关财务信息的上传与下载。第四，数据加工与分析。RPA 财务机器人对于搜索和下载到的数据自动进行筛选、审查、计算和分析。第五，信息监控与产出。RPA 财务机器人可以基于模拟人类判断，实现工作流分配、标准报告出具、基于明确规则决策、自动信息通知等功能。

因为 RPA 独有的技术特点，导致 RPA 财务机器人比较擅长处理大量重复的业务内容和基于明确运行规则模拟人工操作的流程。RPA 财务机器人的技术特点如下：第一，简单的重复操作，如相关数据的检索、下载、录入和审查等；第二，量大且易错的业务，如报销票据的审核、增值税专用发票的验证、与往来单位或银行的对账等；第三，系统内嵌的多个异构系统不会改变系统；第四，7×24小时工作模式，弥补了财务人员工作精力及工作时间有限的问题，适合于企业7×24 小时的业务。

3. RPA 是实现智能财务的第一步

在财务管理领域，RPA 技术基本覆盖了财务运营管理的方方面面，如账单管理、报表管理、预算管理、信用管理、税务管理、流程控制等。依据每个企业流程的规范化、标准化程度不同，RPA 技术应用的范围也不同。

但是，RPA 技术仍然不是真正的智能财务。RPA 技术应用的实现基础依然是传统的流程规则的明确，它是针对企业现有信息系统提供的外挂自动化软件，对企业已经存在的系统、应用和流程，不会有任何的影响，而只是把需要人工操作的部分变成机器代替人来操作。

而智能财务的实现基础，是机器的自我学习、自我认知能力。RPA 不仅仅是只包含一个基于明确规则的自动化机器人，而是综合运用了人工智能的多项最新的技术，例如图像识别技术、语音识别技术、自然语言处理技术、语义解析技术、规则与流程引擎技术、机器深度学习技术等人工智能相关技术，为企业提供多场景、全方位的智能财务服务。以实际的应用场景举例，真正的智能财务机器人，不仅要能自动化执行相关操作，如自动生成凭证、自动对账、自动月结、自动付款、自动报税等，同时还要具备自我学习、自我纠正的能力，通过机器的自我学习使自己的功能愈加强大。

从整个人工智能在企业管理中的应用过程来看，要实现企业财务运营智能化，先后需要经过业务流程自动化平台、机器人流程自动化（RPA）、自然语言识别技术、智能或认知计算、模型化业务等几个阶段的发展与沉淀。RPA 技术的深化应用与积累，将会是企业实现财务运营智能化的关键。

（二）OCR 技术对财务管理的推动

1. OCR 技术的概念

OCR 技术是光学字符识别的缩写（Optical Character Recognition），是通过扫描等光学输进方式将各种票据、报刊、书籍、文稿及其他印刷品的文字转化为图像信息，再利用文字识别技术将图像信息转化为可以使用的计算机输进技术。可应用于银行票据、大量文字资料、档案卷宗、文案的录入和处理领域，适合于银行、税务等行业大量票据表格的自动扫描识别及长期存储。相对一般文本，通常以终极识别率、识别速度、版面理解正确率及版面还原满足度四个方面作为 OCR 技术的评测依据；而相对于表格及票据，通常以识别率或整张通过率及识别速度作为测定 OCR 技术的实用标准。由于 OCR 是一门与识别率拔河的技术，因此如何除错或利用辅助信息提高识别正确率，是 OCR 最重要的课题，ICR（Intelligent Character Recognition）的名词也因此而产生。而根据文字资料存在的媒体介质及取得这些资料的方式不同，就衍生出各式各样不同的应用。

OCR 可以说是一种不确定的技术研究，正确率就像是一个无穷趋近函数，知道其趋近值，却只能靠近而无法达到，永远与 100% 做拉锯战。因为其牵扯的因素太多了，书写者的习惯或文件印刷品质、扫描仪的扫描品质、识别的方法、学习及测试的样本等，多少都会影响其正确率，OCR 的产品除了须有一个强有力的识别核心外，产品的操作使用方便性、所提供的除错功能及方法，亦是决定产品好坏的重要因素。一个 OCR 识别系统，其目的很简单，只是要把影像做一个转换，使影像内的图形继续保存。有表格则将表格内资料及影像内的文字，一律变成计算机文字，达到影像资料的储存量减少、识别出的文字可再使用及分析，当然也可节省因键盘输入的人力与时间。

2. 财务领域 OCR 技术的应用

目前，在财务领域 OCR 技术应用主要分成以下两个模块：

(1) 识别确认模块

OCR 影像识别的基础工作为定义识别引擎模板。模板根据位置、识别区域来确定影像中要转换为电子信息的内容，通过标示项由引擎自动定位确定影像区域，模板定义时可对识别内容进行校正。识别模板可以识别影像文件中的任何内容。OCR 识别了发票代码、发票号码、发票日期、金额、税额、总额、购方税号、销方税号八个识别项后，形成结构化数据，用于认证、记账等流程。

(2) 记账应用模块

在财务共享中心中利用 OCR 识别结果，提升记账信息集成度，提高核算记账效率和质量。共享中心模板使用 OCR 识别结果，系统在初始形成凭证预制信息时，会根据 OCR 识别的结果对行项目中的税行进行预录入，按照识别信息逐行生成"应交税费——增值税"行项目，并写入税额、税码信息，完全替代人工维护税金行项目工作。

二、财务应用机器学习的人工智能场景

(一) 基于机器学习的智能共享作业

在前面谈到的基于人工经验规则进行处理的初级人工智能应用阶段，受益最大的就是各类财务共享服务中心。机器能够实现对传统人力的替代，使得人均产能得以大幅提升。但在这种模式下，最大的难题是对经验规则的梳理。财务人员在作业时，虽然是基于相对标准化的作业手册的，但要把作业手册上的内容翻译为机器可以理解的规则，难度比较大。因此，采用这种模式到了一定阶段后，就会遇到瓶颈，提升自动化率就会比较困难。

在机器学习模式下，计算机可以通过完成大量带有人工判断结果"标签"任务的训练来优化现有的规则，补充更多靠人难以解读的规则，同时也可以结合大量的外部数据进行辅助学习。

（二）基于经验规则的智能会计与机器学习的智能报告

同样，基于经验规则，我们在很多企业的业务与财务衔接中都能够看到会计引擎的存在，即基于会计准则的规则化来实现自动的会计作业处理。这种场景也可以引入机器学习，机器学习确实能够完善现有的规则库。但会计作业和审核作业还有所不同，其本身就是建立在高度标准化的规则基础上的，笔者认为进一步依靠人的经验来拆解规则、深化应用与机器学习的模式相比，可能更有效率。

但另一种相关应用场景——智能报告，则有所不同。在笔者看来，智能报告的应用逻辑和新闻出版、投资研究领域的智能编辑应用更为相似。报告中的固化结构可以用规则来形成，报告中讲故事的部分则可以使用机器学习的方式，通过大量的训练题来让机器学会编写满足投资人需要的报告。

（三）基于机器学习的智能风控

智能风控是重要的机器学习应用领域之一。实际上，智能风控在财务领域早已有更为广泛的应用，如在防范欺诈的领域有非常多的成功案例。财务可以使用同样的逻辑来进行智能风控。在这种模式下，通过机器学习，计算机能够不断地完善算法，从而对所有进入财务流程的单据进行风险分级，并针对不同的风险等级设置相匹配的业务流程。同时，基于监督学习、无监督学习的各种算法去发现风险线索。在智能风控模式下，我们希望计算机能够更加精准地命中疑似风险案件，并非绝对拦截。

（四）基于机器学习的其他智能财务管理场景

上面三种场景更多的是从偏重财务运营流程和操作风险的角度，去谈机器学习下的智能财务应用场景的。实际上，在非运营的财务业务中，同样可以找到非常多的可能应用场景，如基于机器学习的经营分析、基于机器学习的资源配置等。这里不再进行详细的论述。

第六章　智能化财务内部控制与应用

第一节　智能财务内部控制的相关知识

一、智能财务内部控制的特点

（一）智能财务的特点

智能财务本身既是一个网络化的会计信息系统，又是一个事项驱动型的会计信息系统。它具有如下特点：

1. 工作环境网络化

智能财务的突出特点是网络工作环境。通常来说，因特网是智能财务有效运行的平台，网络机房和服务是智能财务系统运行的发动机，而数据库则成为信息存储和数据处理的核心。

智能财务是对"事项"进行记录、描述和管理的会计信息系统，离不开数据库技术的支持，这是因为数据库是全部事项的信息仓库，是所有操作的数据平台。

2. 计算机设备成为主要的操作工具

智能财务信息系统的操作工具不再是传统的凭证、账簿、笔墨、算盘、计算器，取而代之的是计算机、读卡器、POS 机、网络设备及各类办公自动化软件、专业财务软件等。

3. 工作流程网络化

在智能财务信息系统中，所有人员的工作都在一个开放的网络中进行，基本账务处理的流程发生了变化。许多工作均通过网络来完成，诸如网上申报、网上审批、凭证传递、数据更新、信息沟通等网络应用越来越多。

4. 工作效率大大提高

智能财务信息系统借助计算机信息技术将过去烦琐、重复的人工劳动转变为利用计算机自动处理，大大提高了工作效率。随着信息技术的发展，系统软件越来越完善，越来越向智能化发展。减少人工干预，将更多工作程序化，由核算型向管理型、决策型转化是智能财务信息系统发展的方向。

5. 会计信息提供更具个性化

智能财务信息系统改变了传统会计信息系统"会计部门-信息使用者"的单向系统提供模式，使得信息使用者拥有更多的自主选择权。与传统会计信息系统不同的是，网络财务信息系统强调在不完全了解信息使用者的需求和决策模型的情况下，会计部门应立足于提供各种可能的决策模型相关的经济事项，由信息使用者自己根据决策需要对数据进行剪裁，这样更能提高会计信息的决策有用性。由于直接面向使用者，故使用者可以依据自己的需要从企业最原始数据出发进行数据加工并获取信息，同时信息使用者不再仅限于管理人员，还包括众多个人信息用户。显然，这种双向模式使智能财务信息系统赋予了使用者更多自主选择会计信息的权利，极大地提高了会计信息的使用效率，会计信息的公开性提高，信息提供更具个性化。

6. 信息共享性大大提高

智能财务面向业务事项本身，改变了传统会计信息系统各个职能部门信息相互隔绝的状态，并将所有信息存储在共同的数据库中，使得会计信息集合程度更高，而且由于财务数据与业务数据具有共同来源，所以各级职能部门均可使用同一数据库的原始数据（当然，对其使用具有严格的权限控制）。除了财务部门的信息共享外，财会部门和单位其他部门也可以通过开发集成数据接口开放和共享一些公共信息来提高这些公共信息的同一性和准确性。

7. 信息处理及时性提高

在网络环境下，对企业来说，生产、销售、人事、仓储等各个分支部门可借助网络将各自的信息实时传输到企业的统一资源数据库中，再由财务部门实时处理后将相关信息反馈回去，从而可使财务部门和其他职能部门随时保持沟通；在对外公布方面，企业可以通过网络技术在保证自身数据安全基础上将企业自身动态数据信息实时传送给各相关部门的信息使用者。各种信息使用者通过网络便能实时了解目标企业运营状况，这使得信息处理速度明显提高，智能财务信息系统信息处理的及时性也大大提高。

（二）智能财务内部控制的变化

智能财务信息系统的上述特点使得智能财务内部控制和传统会计内部控制相比发生了很大变化，主要表现在如下四个方面。

1. 内部控制环境

对于智能财务信息系统而言，由于其完全依靠计算机、网络等进行工作，所以传统的控制环境在智能财务信息系统中已不存在。它的内部控制环境更多是以网络、数据库、信息和数据的传递等虚拟环境为主。

2. 内部控制的范围和内容

对于智能财务信息系统而言，内部控制的范围在扩大，其内容也发生了很大的变化。控制范围主要增加了网络控制和系统控制，其中网络控制包括网络的安全、病毒防护等，系统控制包括系统的设计、开发、软硬件的运行维护等。新的控制范围带来了新的控制内容，主要包括网络安全控制、数据库安全控制、病毒防护，系统的设计、开发，软硬件的运行维护，使用权限和口令的控制，计算机数据处理的程序和控制等。

3. 内部控制的重点

网络信息系统自身的特点，决定了内部控制的重点和传统会计内部控制有很大的不同。传统会计主要是对人的控制，其重点是凭证和账簿、报表的核对、签字盖章等。智能财务信息系统建立起来后，很多原来需要人工完成的工作转为由计算机程序自动完成，因此内部控制的重点由对人的控制转变为对人、机进行控制，其内容包括网络、系统的安全，数据的备份，会计原始数据的输入，会计信息的输出，人机交互处理控制，会计信息访问权限控制及不同系统间的连接控制等。也就是说，在智能财务信息系统中，除了会计核算和业务管理的控制外，信息系统本身的控制将是重中之重。

4. 内部控制的手段

由于控制环境的变化、内部控制范围的扩大，智能财务信息系统拥有了全新的内部控制内容，内部控制的重点也转向网络和系统方面，所以内部控制手段也有了很大的变化。传统的会计主要采用的是严格的凭证控制制度。而在智能财务信息系统中，对于网络、系统等方面的控制往往是看不见、摸不清的，这主要靠一些计算机设备和信息技术来实现。同时，业务处理方面的控制，主要依靠交易授权、人员权限控制、相关业务的程序化控制来实现。

（三）智能财务内部控制的优势

1. 交易授权自动完成

在企业管理中，交易授权可确保会计信息系统处理的所有重大交易都是真实有效的，业务都是实际发生而且符合管理当局目标的。交易授权是企业内部控制手段。在传统企业管理中，交易授权通过人为设定控制程序由经办人员执行；在网络环境下，由于企业信息处理高度集成，特别是原来许多通过手工完成的工作内化于计算机软件中，故通过设定软件和数据使用权限可自动完成交易授权活动。在网络环境下，多数交易授权都可以通过计算机程序自动实现，无须外力介入。

2. 监控与操作的分离实现系统的有效牵制

在网络环境下，部门工作人员大大减少，多数工作由计算机自动统一执行，不再需要以多人重复劳动为代价的"多方牵制"内部控制手段。在智能财务信息系统中可以设置操作与监控两个岗位，通过对每笔业务同时进行多方备份，把会计人员处理账务时的操作和结果数据同步记录在监控人员的机器上，有利于监控人员即时审查。通过岗位划分、设定系统权限、使用信息技术便可实现有效牵制。

3. 数据处理由系统自动完成，提高了工作效率及准确性

智能财务信息系统很大的一个优势就是把原来手工进行的数据处理工作变由系统自动完成。会计人员录入记账凭证后，总账、明细账、日记账等各类账簿都根据凭证内容由计算机自动登记完成，同时，各类报表也由计算机根据设计好的报表格式及计算公式自动计算填入，这使得工作效率大大提高，数据的准确性也能得到保证。这样，传统会计中账簿、报表的正确性检查在信息系统中就完全没有必要了。当然，这也带来了内部控制方面的一个难点，就是数据的无痕迹修改问题。

4. 通过程序控制相关业务流程，实现核算要求，减少人为错误

在智能财务信息系统中，大多数的核算要求、业务流程可以通过系统进行控制。例如在系统中设置好会计科目的核算内容，则某笔经济业务应该由哪个科目支出，计算机均有严格的控制，违反了控制规则，凭证就无法录入和保存。再如，一些业务流程也可以在系统中设计好，这样计算机就会严格按照程序执行。很多原来由人控制和执行的东西，都可以程序化嵌入到系统中，由计算机来严格执行，从而可以避免人为因素的影响，使可靠性大大提高。

网络技术对会计信息系统内部控制的促进和完善远不止以上几个方面。如它在提高会计工作效率、减少人力劳动的同时，可使企业内部控制更加有效。其突出表现是提高了系统内部信息传递的及时性，从而使系统错误可在短时间内被发现，减少了由错误带来的累计损失；使控制措施程序化，减少了人为因素的影响和执行的偏差，提高了效率和会计信息的质量。另外，网络技术使单位各个职能部门之间的资源实现了共享，便于同一笔经济业务的相互核对和稽核。

二、智能财务内部控制体系的设计原则

简单地说，智能财务信息系统内部控制设计的指导思想就是以内部控制理论，尤其是 COSO 报告的内部控制整体框架为依据，发挥智能财务信息系统在内部控制方面的优势，利用信息技术和 IT 设备解决其面临的难题。

（一）智能财务内部控制的设计原则

1. 合法规范原则

智能财务内部控制的设计应当遵循国家有关财经法规及单位自身有关管理制度的要求，以保证每一项经济活动在合法、合规的状态下开展。

2. 成本与效益原则

由于智能财务信息系统自身的特点，内部控制不可能做到尽善尽美，而且相对于传统会计内部控制来说，智能财务信息系统的内部控制在软件和硬件的投入方面也要大得多，因此需要讲究成本效益原则。一般来说，控制程序的执行成本不能超过可能由风险或错误造成的损失或浪费，基本标准是实行控制的收益应大于其成本，否则再好的控制措施和方法也将失去存在的意义。

3. 针对性强原则

智能财务的内部控制应该有很强的针对性，应该依据智能财务内部控制的优势和所面临的难题，针对内部控制的薄弱环节，找出关键控制点，制定具体内部控制程序和相应实施手段。

4. 内控严疏和效率高低协调的原则

单纯从会计工作上来讲，需要最为严格的内部控制。但是如果内部控制实施后使得原本简洁的工作流程变得复杂，工作效率大幅降低，则该内部控制制度并没有可操作性，故应该在这两者之间找到一个最佳结合点。

5. 重要性原则

智能财务的内部控制应该突出重点、照顾一般。在把握事项的重要性方面，应该考虑该事项对系统的影响力、业务性质、金额大小等。

6. 安全性原则

和传统会计内部控制不同，智能财务首要的内部控制就是安全性问题，其中最核心的就是系统和数据库的安全。系统不安全就无法正常运转，就不能提供可靠的会计信息。数据库一旦被破坏，其损失将是无法弥补的。

7. 实用性原则

智能财务内部控制的建设，是以理论为依据的，但绝非为了研究理论而建设，因此，实用性是非常重要的原则。内部控制的建设不是仅仅制定一个原则并把它挂在墙上，而是能够将其切实有效地贯彻执行。要特别注重将内部控制嵌入到系统中去，并利用各种信息技术、IT设备等有效的手段来实施它。

8. 一般性原则

一般性原则也就是传统会计内部控制所说的相互制约、职责分离、审批监督等原则，这些原则在智能财务内部控制中依然有效，所不同的是要将它们嵌入到系统中去，并将人工控制转换为程序控制。

9. 发展性原则

随着单位情况的发展变化，以及系统的完善和发展，智能财务的内部控制环境也将随之发生变化，控制的关键点和内容也会有所变化。内控建设应该始终关注上述因素变化，定期评估并适时地做出调整，以适应企业财务管理的发展需要。

（二）智能财务内部控制的整体框架和主要内容

1. 智能财务内部控制的整体框架

对于智能财务而言，其内部控制整体框架同样可以依据COSO报告的要求来设计，其具体内容如下。

（1）控制环境

COSO报告指出，控制环境包括以下方面：管理哲学、组织结构、董事会或审计委员会、人力资源与实务、权责分派方式、品行与价值观、胜任能力等。对于智能财务内部控制而言，最主要的是建立健全组织结构，并根据工作和内部控制的需要设置不同的人员角色，赋予不同的操作权限。一般来说，操作人员可以分为以下几类：财务主管、系统管理员、一般核算人员、管理人员、稽核人员等。权限的分配既要考虑工作的顺畅，又要考虑到相互制约。同时，加强人员的职业道德教育，提高各类人员的专业技术水平，也是非常必要的。

（2）风险评估

控制环境和风险评估是提高企业内部控制效率和效果的关键。对于智能财务而言，内部控制的研究不可能脱离其赖以生存的环境和单位内外部的各种风险因素，且应分析智能财务内部控制发生了哪些质的变化，以及这些质的变化对智能财务的潜在影响。对于智能财务而言，其重要风险点和传统会计相比，发生了很大的变化，主要包括网络的风险、系统和数据库的风险、会计数据修改的风险、由数据存储形式变化带来的风险、由交易授权形式变化带来的风险等。因此，必须从环境因素及其风险成因入手，对智能财务可能存在的各种风险进行全面的分析和评估。必要时可设置风险评估部门或岗位，专门负责有关风险的识别、规避和控制。

（3）控制活动

企业应首先根据风险分析，结合业务流程，找出关键控制点，然后对这些控制点设立良好的控制活动。控制活动应该涵盖诸如核准、授权、验证、调节、复核、保障资金安全及权限控制等各项活动。对于智能财务而言，控制活动大致可分为网络控制、系统控制、数据库控制、各种具体业务活动控制，还可将控制活动分成事前预防、事中控制、事后审计来具体加以实施。

（4）信息与沟通

智能财务的信息与沟通一般包括会计内部的信息与沟通、会计部门与其他职能部门之间的信息与沟通，有些还包括会计部门和单位外部的信息与沟通。在会计部门内部，信息是通过财务内部局域网来传递的，这些传递和沟通根据具体业务控制等需要，可以是单向的，也可以是双向的甚至是多向的，而且这些信息与沟通是嵌入到系统中，由程序来完成的。对于会计部门与单位其他职能部门之间的信息与沟通，其主要目的是实现各部门之间的信息共享，提高工作效率，提高信息传递和处理的及时性，这一部分主要可以依靠在各部门之间开发数据接口来完成。至于会计部门和单位外部的信息与沟通，主要是指一些基于因特网的网上应用业务。总体而言，对智能财务而言，内部控制中的信息与沟通主要是通过网络、借助信息系统来完成的。

（5）监控

传统的监控一般包括日常内部稽核和审计、自我工作评估等。由于控制环境的变化、风险点的不同、控制活动实现方式的改变以及信息与沟通的网络化、程序化，网络财务监控的内容发生了很大的变化，主要包括对网络平台的监控、对系统整体运行情况的监控、对信息传递过程的监控和对具体业务的监控。除了可借助传统的会计稽核和审计手段外，还可以借助防火墙、安全审计系统、信息系统的实时监控模块等设备和技术来完成监控。

2. 智能财务内部控制的主要内容

基于以上对智能财务内部控制整体框架的分析，可以认为智能财务的内部控制主要包括以下内容：

（1）网络控制

网络是会计信息系统运行的平台，网络控制的主要内容是网络安全控制。网络安全方面的威胁主要包括外部网络的安全威胁、内部网络的安全威胁、网络病毒的威胁等。

（2）系统控制

系统控制包括信息系统的开发控制、维护控制，对服务器、客户端的运行控制，系统身份认证和权限控制等。

（3）数据库控制

智能财务最重要的就是数据库的安全。这部分的控制内容主要包括数据库安全防护、数据库操作权限的控制、数据库使用变动情况的实时监控和事后审计、数据库的备份和恢复机制等。

（4）具体业务控制

具体业务控制主要是涉及财务管理中业务流程的具体工作控制。它包括岗位设置、职责分工、授权批准，信息输入控制、信息流程控制、数据处理控制，数据输出控制，重要业务的实时监控等。每个单位根据自身信息系统的具体情况和要求会有不同的控制内容。

3. 智能财务内部控制的目标

智能财务内部控制的目标，是指通过控制所要解决的问题和所要达到的目的，可概括为以下六个方面。

（1）确保系统的合规合法

信息系统与手工业务操作一样，其本身及其所处理的经济业务必须符合国家的有关法律、法令、方针、政策，以及有关部门颁布的各种规章制度、条例等，如现行的会计制度、财务制度等。因此，在设计系统的过程及系统运行阶段中，必须建立适当的内部控制，确保系统及其所处理的经济业务合规合法。

（2）保证系统处理数据的正确无误

保证系统处理数据的正确性，是智能财务内部控制的基本目标。为了保证系统处理数据的正确性，在系统设计过程中，要注意设计程序化的控制，如平衡控制、合法性控制、综述核对控制、合理性检验、纠错系统检验、输入数据类型检验、顺序检验等。在系统运行过程中，要对数据输入环节进行严格的控制，确保输入数据的正确性。

（3）提高系统的安全性

保证计算机系统的安全可靠，是系统能够正常运行的前提和基础。因此，在系统正式投入运行之前，就应考虑系统的安全性。应通过建立严密完善的硬件、软件和数据安全措施来保证系统安全、可靠。

（4）提高系统运行的效率

信息系统的运行效率在很大程度上取决于输入数据的速度。因此，在系统输入设计中，可采用适当的控制设计技术，提高系统输入的效率。例如在智能财务信息系统中，可用计算机自动生成凭证编号，以编码的形式输入会计科目、规范摘要的格式、用代码输入常用的摘要等。

(5) 提高系统的可维护性

系统维护的工作不仅量大而且复杂。可维护性是指系统易理解、易修改和扩充。为了达到这一控制目标，从系统开发工作开始，就应该考虑到今后的维护工作。在系统开发过程中，必须对系统开发的每一个环节进行严格的管理和控制。

(6) 增强系统的可审计性

所谓可审计性，是指有能力、有资格的审计人员，能够在一个合理的时间和人力限度内，对系统的正确性和可靠性等做出公正的评价。影响计算机信息系统的审计线索既容易被销毁，也容易被篡改，若设计时考虑不周，则很难进行事后审计。因此，只有在计算机信息系统的输入、处理和输出等设计环节采取适当的控制措施，如在智能财务信息系统中设立总账、明细账、记账凭证等各种数据库，才能保留各种审计线索，才便于对会计数据进行追踪审查。

第二节　智能财务内部控制的实现

一、网络控制

对于网络控制而言，网络安全是其最主要的控制内容。

(一) 网络安全面临的主要威胁

1. 网络机房的安全。

2. 各种病毒的破坏。

3. 由内部用户的恶意攻击、误操作等造成的系统破坏。

4. 来自外部网络的攻击，具体有以下三条途径：

①黑客的恶意攻击、窃取信息。②通过网络传送的病毒和 Internet 中的电子邮件夹带的病毒。③来自 Internet 的 Web 浏览可能存在的恶意 Java/ActiveX 控件。

5. 缺乏有效的手段监视、评估网络系统和操作系统的安全性。目前流行的许多操作系统均存在网络安全漏洞，如 UNIX 操作系统、Windows 操作系统。

（二）网络控制方法

网络控制方法主要有以下两种。

1. 配置硬件设备

主要是指加强控制中心（网络机房）的安全建设，配置硬件防火墙、入侵检测设备防病毒网关等网络安全防护设备和网络版防毒软件。

2. 加强制度建设

对于网络控制，除了部署安全防护设备外，还应加强制度建设，如机房管理制度、网络管理制度、设备管理制度等。

二、系统控制

系统控制主要包括对操作系统和各类应用系统的控制。对系统进行控制时，除了应利用信息技术设备外，还应加强安全管理制度的建设。

（一）操作系统控制

操作系统是整个智能财务运行的平台，其安全性至关重要，因此系统控制首先应做好操作系统的内部控制。由于操作系统面向所有的用户，再加上自身的缺陷，所以它时刻面临着来自各方面的潜在威胁，包括系统内部人员的滥用职权、越权操作和系统外人员的非法访问甚至破坏，还包括各类针对操作系统的网络攻击，以及各种各样通过操作系统破坏整个智能财务信息系统的计算机病毒等。要提高操作系统的安全可靠性，除了要尽可能地选用安全等级较高的操作系统产品，并经常进行版本升级外，还应在日常管理控制上采取以下措施：

1. 指定专人对系统进行管理，删除或者禁用不使用的系统默认账户。

2. 制定系统安全管理制度，对系统安全配置、系统账户及审计日志等方面做出规定。

3. 对能够使用系统工具的人员及数量进行限制和控制。

4. 定期安装系统的最新补丁程序，对可能危害计算机的漏洞及时进行修补，并在安装系统补丁前对现有的重要文件进行备份。

5. 根据业务需要和系统安全分析确定系统的访问控制策略。系统访问控制策略拥有控制分配信息系统、文件及服务的访问权限。

6. 对系统账户进行分类管理，权限设定应当遵循最小授权要求。

7. 对系统的安全策略、授权访问、最小服务、升级与打补丁、维护记录、日志及配置文件的生成、备份、变更审批、符合性检查等方面做出具体要求。

8. 规定系统审计日志的保存时间，为可能的安全事件调查提供支持。

9. 进行系统漏洞扫描，对发现的系统安全漏洞及时进行修补。

10. 明确各类用户的责任、义务和风险，对系统账户的登记造册、用户名分配、初始分配、用户权限及其审批程序、系统资源分配、注销等做出规定。

11. 对于账户安全管理的执行情况进行检查和监督，定期审计和分析用户账户的使用情况，对发现的问题和异常情况进行相关处理。

（二）应用系统控制

应用系统控制包括系统开发控制和系统运用维护控制。

1. 系统开发控制

（1）系统方法控制

由信息化管理部门具体负责系统方案的制订。他们首先要到相关部门进行充分的调研，做出详细的需求分析。在方案设计出来后，由相关领导、信息管理部门、系统使用人员等对功能实现情况进行讨论，进行项目可行性和实用性的研究和分析后再确定开发方案。

（2）开发过程控制

如果是自主开发，首先，要明确各个阶段的任务、人员分工、文档编制等内容；其次，要求开发工具、开发文档编制标准化和规范化，这样有利于系统开发的分工合作和今后的运行维护；最后，每一个阶段的工作结束后，要形成阶段开发报告，经论证审定后才能进入下一阶段，并作为下一阶段的依据。如果是委托软件商开发，应与软件商签订开发协议，明确知识产权的归属和安全方面的要求，提出详细的要求报告。

（3）系统测试和验收控制

在网络环境下，应利用网络在线测试功能，检验整个系统的完整性、可靠性，并对非法数据的容错能力、系统抗干扰能力和发生突发事件的应变能力及系统遭遇破坏后的恢复能力进行重点测试，以及核实既定控制功能能否在系统中得以有效实现。一旦发现网络系统中的各类软件存在漏洞，应立即进行在线修补与升级，并将所有与软件修改有关的记录报告即时存储归档。

在系统正式使用前，应组织专家、软件商、使用单位进行系统验收，形成验收报告。验收内容主要包括系统是否安全、是否达到设计方案和合同规定的功能要求、系统技术文档是否交付完整、软件包是否经过检测且不含有恶意代码。

2. 系统运行维护控制

①系统的运行维护由系统管理员负责，除此之外，不得再有其他登录系统的账户和密码。

②系统工具职能由系统管理员进行控制，并由他负责系统安全配置、系统账户及审计日志等的管理。

③应定期安装系统的最新补丁程序，对可能危害计算机的漏洞及时进行修补，并在安装系统补丁前对现有的重要文件进行备份。

④其他控制内容与操作系统控制类似。

3. 设计 USB-Key 的数字认证体系，实施系统内部控制

该系统主要用于数据库的身份认证、权限管理。通过 USB-Key，能实现多种控制模式，这对建设统一的数字认证门户、控制数据库的访问、保证数据安全、监督系统管理员的工作有着重要的作用。

（1）USB-Key 定义

简单来说，USB Key 就是具有 USB 接口的硬件数字证书，它是与 PKI 技术相结合开发的符合 PKI 标准的安全中间件。利用 USB-Key 来保存数字证书和用户私钥，并对应用程序开发商提供符合 PKI 标准的编程口（如 PKCS#11 和 MSCAPI），有利于开发基于 PKI 的应用程序。作为密钥存储器，USB-Key 自身的硬件结构决定了用户只能通过厂商编程接口访问数据，这就保证了保存在 USB-Key 中的数字证书无法被复制，并且每一个 USB-Key 都带有 PIN 码保护，这样 USB-Key 的硬件和 PIN 码便构成了可以使用证书的两个必要因子。如果用

户的 USB-Key 丢失，获得者由于不知道该硬件的 PIN 码，也无法盗用用户存在 USB-Key 中的证书。与 PIN 技术的结合使得 USB-Key 的应用领域从仅确认用户身份，扩展到了可以使用数字证书的所有领域。

（2）基于 USB-Key 的数字认证系统的实现手段

①制作 USB 接口的硬件数字证书。

②将原"用户号+密码"的认证方式改为"数字证书+用户号+密码"。

③建立一个信息系统数字认证软件对所有应用系统和数据库进行集成认证。

④该硬件证书应包括使用人基本资料（如姓名、性别、科室、所在工作组等）、财务软件的进入权限、财务软件的具体操作权限。

⑤可以修改该硬件证书使用人资料，但权限仅由所在工作组确定。

（3）智能财务信息系统的数字认证设计

①智能财务信息系统的内部控制依托硬件数字人数实现。

②一般操作使用单证书认证，重要的操作使用双证书或三证书同时认证。

③将工作组分为财务负责人、系统管理员、单一软件主管、复核、审核（业务操作员）、查询。

④系统管理员、单一软件主管工作组的成员由财务负责人进行认定和调整，复核、审核（业务操作员）、查询等工作组的成员由单一软件主管进行认证和调整，财务负责人不具有具体业务操作权限。

⑤系统管理员负责整个信息系统的维护，但不具有具体业务操作权限。

⑥数据库操作、数据初始化等由系统管理员具体执行，但需要财务负责人、单一软件主管和系统管理员的数字证书共同认证后才可进行，并在系统日志中予以记载。

⑦重要的业务操作（由涉及的金额、性质区分）须由业务操作人员和软件主管双证书共同认证后才能执行，或者由业务操作人员预执行，再由软件主管或者财务负责人复核认可后转为正式数据。

三、信息控制

对于智能财务而言，保证数据安全和实行正确的信息控制是最为重要的。信息控制主要包括以下两个方面的内容。

（一）数据库的内部控制

在智能财务中，数据库的安全是重中之重，因此，对于数据库的控制应该十分严格。

1. 对数据库的操作只允许通过客户端软件进行，没有特殊原因，任何人不得进入后台数据库。

2. 建立数字认证系统，将数据库的访问模式设计为"USB-Key+用户名+密码"，以加强数据库访问的权限控制。

3. 对于特殊原因需要直接进入后台数据库的操作，须由财务主管审批，并持财务主管的硬件证书和系统管理员证书共同进行身份证后才能进入。

4. 禁止数据库的远程访问，软件商的维护人员不得自行进入后台数据库，如工作需要，须由系统管理员通过审批后执行。

5. 配置数据库审计系统，对重要的数据库操作进行实时监控，设置异常操作报警机制，同时记录日志作为日后审计的凭据。

6. 每周整理数据库审计记录，对进入后台数据库、未经客户端的数据修改进行重点审查。

（二）数据的备份和恢复

由于智能财务的信息都是采用电子数据进行存储的，故必须建立一套备份与恢复机制，以确保出现自然灾害、系统崩溃、网络攻击或硬件故障时数据能够得到恢复。备份和恢复系统应具备以下条件：

1. 支持大容量存储。

2. 支持异地备份和恢复。

3. 具有跨平台的备份能力。

4. 支持多种存储介质和备份模式。

5. 支持自动恢复机制。

6. 对数据库服务器建立双机热备系统。

在完善数据库备份与恢复的硬件和软件系统的同时，建立严格的数据库备份与恢复管理制度是非常必要的。管理制度主要应该包括以下八个方面的内容：

1. 应识别需要定期备份的重要业务信息、系统数据库及软件系统等。

2. 应规定备份信息的备份方式（如增量＝备份或全备份等）、备份频度（如每日或每周等）、存储介质、保存期等。

3. 应根据数据的重要性和数据对系统运行的影响，制定数据的备份策略和恢复策略。备份策略应指明备份数据的放置场所、文件命名规则、介质替换频率和数据离站运输队方法。

4. 应指定相应的负责人定期维护和检查备份及冗余设备的状况，确保需要接入系统时能够正常运行。

5. 根据设备备份方式，规定备份及冗余设备的安装、配置和启动的流程。

6. 应建立控制数据备份和恢复过程的程序，记录备份过程，并妥善保存所有文件和记录。

7. 应根据系统级备份所采用的方式和产品，建立备份设备的安装、配置、启动、操作及维护过程控制的程序，记录设备运行过程中发生的状况，并妥善保存所有文件和记录。

8. 应定期执行恢复程序，检查和测试备份介质的有效性，确保可以在恢复程序规定的时间内完成备份的恢复。

四、业务流程的实时控制

（一）实时控制理论模型

由于事项驱动型的智能财务是业务流程和信息处理流程的集成，加之在网络环境下，业务活动的自动化处理代替了人工处理，存储介质也由磁介质代替了纸张，所以在对待如何完成对交易数据的正确获取这一目标上，就不能采取事后进行一致性检查等传统控制手段。又由于业务是通过网络实时发生的，人员干预的成分较少，故必须实施事中控制，即实时控制。由于已识别了事项驱动型智能财务的有关风险，就应该在风险发生时尽可能地控制它，并对业务的合法性和合理性进行充分的检查，使之符合既定的业务规则。这不仅需要在业务或信息处理发生时检查和管理与事项相关的规则、政策，还需要将控制程序化，即在系统的设计和开发阶段把控制规则编写成源程序代码并嵌入到业务事件的执行过程中，使各项控制由计算机自动完成，从而降低错误和舞弊发生的可能性。当然，在网络环境下，要使人们正确树立会计实时控制观念，还必须进一步深入研究智能财务的流程再造、实时控制方法、实时控制模式等理论问题，不断丰富和完善智能财务实时控制系统，使其高效、安全、正常运转，最终保证智能财务实时控制目标的实现。

（二）会计流程再造

1. 会计流程再造的意义

在智能财务中，传统的会计业务流程已无法适应，因此，"流程再造"是必要也是必需的。所谓"流程再造"，就是指利用技术改变传统会计中的管理流程、业务流程及会计流程，并将这三种业务流程集成，以实现会计的实时控制。它的实质就是采用所谓的基于"事项驱动"方式，再造传统会计和信息系统的业务流程。在智能财务中，这种基于"事项驱动"方式的会计业务流程有以下三个特点：

①实现了源数据库的共享。这种系统结构将物理上分散的企业的多个数据库在逻辑上集中，并支持不同层次、综合性的信息需求。经过标准编码的源数据信息，可以满足企业外部所有信息使用者的需求，使数据库真正做到同出一源、实现共享。

②业务流程、会计流程（信息流程）、管理流程之间能够紧密合作，各部门之间信息协调的状态可以得到缓解。

③提供实时财务报告。由于信息处理与业务活动的执行过程是同步的，能够实施会计的事中控制，且系统能就违反规则的活动实时地向负责人发送异常情况报告，或者阻止舞弊活动的执行，故可使系统预防风险的能力大大提高。

2. 建立财务业务一体化流程

不管是传统会计，还是目前普遍使用的会计信息系统，其会计流程的起点主要还是依据经营活动发生时的各类原始凭证编制录入记账凭证，实际上仍然是事后算账。要实现智能财务的实时控制，打破传统会计流程，充分发挥网络信息技术的优势，建立起财务业务一体化流程是非常必要的。

3. 财务业务一体化平台的实现

（1）充分利用网络平台和信息技术

网络平台是信息共享的基石，数据库、电子商务等信息技术的发展和不断完善是财务业务一体化流程得以实现的强有力的支撑工具。充分利用网络平台和信息技术，可以为实现实时获取信息、实时控制业务事项、实时生成信息、实时报告信息的全新流程打下坚实的基础。

（2）数据的存取和管理

财务一体化流程包括三个基本库，即业务事项数据库、模型库和方法库。三库通过中间的信息处理器进行数据的存取和管理，为企业财务运营、控制和决策提供依据。当业务事项发生时，探测器（信息系统中的事项获取模块）会实时获取事项信息，将所有原始数据适当加工成标准编码的源数据；同时记录业务事项的个体特征和属性，并将集成于一个业务事项数据库中，而不是任由数据分散、重复存储于多个低耦合系统中。业务事项数据库不仅记录符合会计事项定义的业务事项，而且记录管理者想要的计划、控制和评价的所有业务事项，还存储业务活动中的多方面细节信息，任何授权用户可以通过它所存储的数据来定义和获取所需的有用信息。

方法库是财务决策得以实现的一个基础。系统要求有一个完善的方法库以进行有效支撑。方法库用于存放信息提取规则、业务处理规则和控制规则，以及不同的确认和计量规则。在信息使用者使用会计信息时，系统可以根据不同目的，选择不同的确认和计量规则，并将其组合成与信息使用者决策最相关的会计信息内容。此外，方法库中也包括一些基本数学方法、数据统计方法、经济数学方法、预测方法、评价方法、优化方法、仿真方法、决策方法及投入产出方法等。

模型库是分析问题、提供合理决策方案的基础。模型库中存放有用户求解问题所需的各种模型，如专用模型、通用模型及在求解问题时所建立的临时模型等。该模型库可以实现模型的生产、组合、运算及模型的增、删、改一体化运作。模型库中的模型主要分为类汇总模型、财务报告模型、财务分析模型、预测模型、决策模型等。采用事项驱动的原理，将模型库与业务事项数据库相连接，在事项驱动的方式下，可以把信息使用者所需要的信息按动机不同划分为若干事项，并可为每一种事项设计相应的过程程序模型，当决策者需要某种信息时，相应地驱动不同事项程序，即可得到相应的信息。

（三）实时控制方法

完成了会计流程再造后，实现智能财务的实时控制便成为可能。在网络平台和信息技术的支持下，可通过识别结构化控制规则和非结构化规则来设计不同的内部控制方法，并在信息系统开发时将一些规则嵌入到系统中，或者设计一些管理控制模块，并将其和信息系统结合起来以完成实时控制。

1. 结构化控制规则程序化

在会计数据库处理过程中，判断会计数据处理是否正确是根据结构化规则进行的，其基本规则包括以下五种。

规则 1：有借必有贷，借贷必相等。

规则 2：资产=负债+所有者权益。

规则 3：上级科目余额=其下属明细科目金额之和。

规则 4：未审核凭证不允许记账。

规则 5：审核人与制单人不允许为同一人。

上述规则是会计数据处理中的基本规则，同时也是"不相容职务相互分离控制""授权批准流程控制"等控制方法的具体体现。事实上，规则远不止这些，人们一直在不断探索、不断丰富和完善规则，以使会计处理流程更加规范。

2. 设计业务流程管理模块

为了实现智能财务的实时控制，可结合再造后的新业务流程，设计出流程管理模块，并将其与会计信息系统相结合以完成内部控制工作。设计业务流程管理模块的目的在于不因为实施内部控制而影响业务流程的流转，降低工作效率。该模块内嵌于信息系统中，可以实现信息的单向、双向、多向传递，可在线实时完成业务处理申请、处理结果批复，保证信息系统传递的时效性和授权审批等手段的实现。

业务流程管理模块主要包括如下一些功能模块：

（1）采购管理模块

采购管理模块主要用于实时获取从采购订单、出货、处理采购发票等一系列采购活动中的各种信息，并应用控制标准（如采购价格标准、采购费用预算等）、控制准则（如采购价格审批准则、采购发票控制准则等）以达到对供应商选择和确定采购订单价格、处理采购发票等一系列活动实时控制，为企业最大限度地降低采购成本、提高经营效率提供支持。

（2）销售管理模块

销售管理模块主要用于实时获取从销售合同签订到结束全过程的经营活动信息，并应用控制标准（如信用额度、销售费用预算等）、控制准则（如赊销控制准则、销售价格控制准则等）对销售订单价格进行严格控制、指导，约束销售行为，动态控制产品的分配量、现存量、不可动用量、在途量等，在提高资金回笼流量和流速的同时，保证企业经营效益目标的实现。

（3）库存与存货管理模块

库存与存货管理模块主要用于实时获取物料入库、出库、盘点、报废及结存等信息，并应用控制标准（如各种存货的最高储量、存货最长储存期、标准用量等）、控制准则（如超储或缺货控制规则、超出最长储存期的扣款规则等）实时控制存货的流量和流速，最大限度地降低库存资金占用、提高存货周转率。

（4）成本管理模块

成本管理模块主要用于实时获取成本中心信息、每道作业的信息，并应用控制标准（如材料成本、产品成本、作业成本等）、控制准则（如各种价差控制规则、各种量差控制规则、各种成本动因的控制规则）在实施标准成本控制和作业成本控制的同时，最大限度地降低作业成本、产品成本，提高企业经营效益。

（5）财务管理模块

财务管理模块主要用于实时动态地获取企业经营过程中的个人和部门费用、现金流入、现金流出等信息，应用控制标准（如利润中心控制标准、费用中心控制标准、资金预算等）、控制准则（如个人借款限额规则、部门费用和总额费用规则等）严格按照预算对费用和资金进行实时控制，提高资金周转率，降低各种费用，最大限度地保证提高企业的经营效益。针对以上各类业务，应制定相应的业务流程，在每个流程中规定各种业务的处理规则，并将其与业务流程管理模块相结合，以达到实时控制的目的。

3. 通过数字认证体系进行权限控制

权限控制法是指企业高层管理者给予企业员工或部门一定的权利和责任，限定其活动范围，防止无权限人员对经营活动进行非法处理的控制方法。权限控制法也是授权批准控制法。在经营过程中，应用权限控制法能够使会计控制系统在有效的控制下正常运行，并能严格执行内部控制制度，保证系统的安全性和保密性。实施权限控制法时，也须应用相应的结构化规则来指导、协调、约束经营活动。其基本规则是当某项经营活动或事件发生时，如果某人有权限，则可以处理该事件，否则不允许处理。权限控制法从控制内容看，既涉及财务事件，也涉及业务事件控制权；从控制范围看，既涉及某一具体事件，也涉及整个流程的控制权。

4. 建立实时监控系统

在智能财务实时控制中，对各类重要业务和事项进行实时监控是非常必要的，因此，建立业务事项的实时监控系统至关重要，其具体内容如下所示：

①通过与各子系统的集成数据接口实时提取数据。

②对于需要监控的数据，根据各子系统通过业务事项的重要程度设置数据提取的条件。

③业务监控系统向不同级别和权限的人员实时提供相应的监控信息。

④在数据达到时进行实时信息提示。

⑤具有权限的人员登入业务监控系统后，未阅读的监控信息会自动提示阅读。

⑥对提取的监控数据存档备查。

综上所述，在智能财务中，优化和再造业务流程后能够将控制规则嵌入会计控制系统，使计算机能严格按照控制规则进行实时控制。这样不仅减少了人工控制的缺陷、规范了经营活动，而且对发挥财务对经营活动过程的实时控制、实现提高企业经营效率和效益的目标起到了推动作用。

第三节　智能化财务内部控制研究应用

一、基于财务信息化的高校财务内部控制研究

（一）高校财务信息化及财务内控简述

1. 财务信息化简述

信息化建设是当代高校提升财务管理水平的重要举措，通过财务信息化可以实现高校纵向信息资源的对接和共享，实现资金统一管理，加强高校财务管理和财务监督，促进高校财务管理工作不断进步和完善。高校财务信息化主要是借助计算机技术、大数据分析处理技术、信息化系统等对财务数据进行信息化处理，提升财务管理效率，同时对财务管理流程进行规范，保障财务安全。

2. 财务内部控制简述

高校财务内控主要是采用科学的管理方法对财务活动进行规范、约束以及评价，从而帮助高校达到财务活动预定目标，财务内控是控制论在高校财务活动中的具体化。高校实施财务内控，可以建立一整套完善的控制制度，对高校各部门的经济活动、财务活动等进行管控和监督，同时健全财务内控机制，可以细化职能部门、明确职责，实现部门的相互制约，促使高校财务管理高效化和规范化，为高校开展教研等活动提供保障。

（二）高校加强财务内部控制的重要性

1. 有利于提升财务管理水平

高校通过加强内控机制建设，可以优化财务管理流程，减少冗余环节，提升财务管理效率；同时有利于建立以资金控制为核心，以预算管理为主线内控管理体系。另外，高校通过加强财务内控管理，可以强化对资金的控制，促进资金的有效运转，提升高校的资金利用率；加强财务内控可以实现对高校各项成本支出的合理的评估分析，确保支出的合理性，能够降低高校管理成本。高校加强财务

管控，可以确保财务工作的科学性和合理性，降低违规操作，提升财务管理水平。

2. 有利于规范高校资金周转

资金管理是高校财务管理的重点，保证资金安全，资金规范运转是高校财务活动、业务活动有序开展的基础。高校通过加强财务内控，可以依据财务政策法规，制定全面、科学的财务规章条例，对高校资金的使用方向、使用效果等严格规定，促使资金规范流动，同时可以加强对资金的盘点、控制采购支出等，可以有效地减少不必要开支。

（三）基于财务信息化的高校财务内控的有效策略

1. 加强财务内控监督力度，完善监督架构

高校加强财务内控离不开审计监督，通过加强监督可以增强对各部门的约束力，保证各部门工作的有序推进。首先，高校应重视完善审计监督机制，健全的监督机制是保证监督效率的前提，高校应设立独立的审计监督部门，实现审计监督岗位与财务部门工作的分离、确保监督的公平性和公正性，另外，财务人员不能兼任审计岗位。其次，高校审计监督部门应注重内部控制监督评价、财务审计活动、业务检查活动的有机结合，不断地加大审计监督的力度和范围，通过检查常态化、监督日常化、评价客观化和效果显著化来检验学校的内部控制是否健全、是否能够有效执行，对于发现的问题和风险及时解决处理，以保证高校内部控制活动持续、有效地运行。

2. 加强财务人才建设，重视专业财务内控人才的培养

人才是高校财务信息化建设的保障，也是高校财务内控的主要推力。高校加强财务内控应重视加强财务人才建设，可以将内选与外聘相结合，一方面，重视在高校内部选拔相对优秀的财务人员，并定期组织培训学习活动，提升其财务专业化水平和职业素养；另一方面，高校应重视选聘外部优秀的财务人才担任财务内控管理工作。通过提升财务人员的专业性可以有效对实现财务内控的目的，财务人员在工作中应不断学习，提升自身专业化水平。

3. 加强财务信息化建设，提升财务管理效率

（1）完善内控信息化系统建设

高校推动财务信息化建设，应重视引进先进财务系统，并积极推动各部门系统间的对接，保证信息的同步性和共享性，这是提升高校财务管理效率的关键。首先，高校应重视加强预算申报系统与财务核算系统的对接，促进预算项目申报模块构建，实现电子化标准格式填报；同时应积极推动移动支付的普及，实现手机支付全覆盖，还应做好报名系统与手机支付的对接工作。其次，高校应重视科研系统与财务系统的对接，通过二者的有效对接，一方面，可以实现科研信息的同步推送与财务立项信息的自动接收，同时还可以实现对科研预算额度的有效控制；另一方面，通过系统对接，便于及时对项目进行调整，如科研系统将项目推送至中间库、财务科研立项系统、会计核算系统，在此过程中如果科研项目需要临时调整，则可以立即对项目进行冻结，直到项目修改完成再重新推送至中间库，确保项目科研项目立项的科学性。通过加强财务信息化建设，可以有效地促进高校各部门工作的协调统一，提升财务管理效率和水平。

（2）构建云会计体系，重视智能财务管理系统建设

当今社会是一个智能化时代，高校加强财务信息化建设，应注重建立智能化财务系统，打造全新财务管理模式，为高校财务管理提供全套服务。高校应重视智能财务管理系统的引进，具体包含以下功能：第一，账簿查询功能，录入凭证即可查询账簿，提供多维度账簿查询，支持总账、明细账、多栏账、数量金额账、核算项目类账簿查询；第二，固定资产管理功能，只须录入卡片，结账自动计提折旧，支持折旧汇总表、折旧明细表、类别管理，可以实现高校精细化资产管理；第三，出纳管理功能，提供日记账管理，支持日记账生成凭证，支持银行日记账直接导入，支持与总账对账，规范高校资金管理；第四，凭证管理功能，为高校提供凭证附件管理、上传附件整理可直接生成凭证，同时可以实现无缝集成第三方软件，进销存单据、报销、固定资产自动生成凭证；第五，对接云报销，支持费用申请、在线审批、费用分析，合理控制高校费用支出。

（3）构建内控集成管理平台

高校应充分运用现代科学技术手段加强财务内控，将预算管理、收支管理、政府采购管理、建设项目管理、资产管理、合同管理等主要业务控制流程，通过

统一的流程管理引擎将风险控制点嵌入到各业务信息管理系统中，纳入统一的内控集成管理平台中进行管控。高校构建内控集成管理平台，可以包含风险指标库管理模块、风险控制策略库管理模块、内控缺点跟踪管理模块、内控绩效评价模块、内控报告管理模块，以及内控流程集中管理模块等，以实现对高校内控管理的集中集成的控制。该平台还具有内控管理的缺陷跟踪采集与跟踪机制，能够为高校内控管理建立一个闭环的内控流程体系，提升高校财务内控管理的科学性和规范性。

二、基于内部控制的建筑企业财务管理研究

（一）完善建筑企业内部控制的重要作用

企业资金的走向、企业资金的使用信息的真实性都直接影响着一个企业能否健康持续的发展。所以，加强企业财务管理的内部控制，能够有效地保证企业资金的正确使用以及资金使用的效益最大化。现阶段，建筑企业工程项目的资金涉及越来越多，一个项目的顺利进行动辄投资千万，甚至上亿。由于涉及资金数量大，工程施工环节涉及范围广，为了保障资金能够做到专款专用，必须加强企业财务管理的内部控制。

（二）加强内控制度建设，提升企业财务管理水平

建筑行业的不断发展，使得建筑企业也得到迅速的发展。企业规模不断扩大，占据市场份额也不断增加。为了建筑企业能够一直茁壮地成长、发展，企业也必须对内部财务控制管理引起相应的重视。应该结合社会经济发展的大环境以及企业自身发展的特点，走可持续发展的道路、遵循企业的成本效益，严格遵守国家相应的法律法规，不断地完善企业内部财务控制管理制度。主要包括资金使用权限批准、资金预算批准、内部审计监督制度等，不断地完善提升企业内部财务控制管理体制，促进建筑企业的健康、可持续发展。

1. 推行资金集中管理制度，强化资金审批工作

资金进行合理的使用以及使用的真实性的保障，是加强建筑企业内部财务控制管理的重要前提与基础。介于建筑企业资金的使用具有资金流量大，走向比较

分散的特点，工程公司可设资金中心总户，各项目部设资金中心虚拟户，项目资金上如存在公司资金池，由公司归集资金，防范项目挪用资金风险。为了保证资金的专款专用、提高资金的使用效率、保障资金的安全性，企业财务管理部门应制定相应的制度，不断完善资金使用及进行流转的过程，使每个环节相互配合，对建筑企业旗下的分公司账目进行有效的监督与管理。建筑企业内部资金的使用，可以引进一些便捷的方法，代替传统的资金使用方法。在企业承接大型项目时，资金的使用应该保持合理的筹资结构，避免企业出现工程项目后续资金不足等情况，导致工期延误，给企业造成更多的损失。

2. 健全内部控制制度，促进财务管理标准化

建筑业财务管理的趋势将从核算业务分散化到标准化、共享化方向发展，需要不断地完善和加强企业内部控制管理建设，从根本上推进财务管理的现代化进程，使企业内部控制与财务管理发展相契合，共同促进企业转型升级，保证公司日常工作的系统性、协调性，尤其是在企业财务管理方面应加强内部控制。结合企业财务管理的特点以及社会经济发展的趋势，在符合经济效益的基础上，建立分工明确的财务管理制度。对财务人员进行职责与权力的划分，坚决杜绝个别财务人员权限过大，财务人员之间相互牵制、相互监督。在监督的基础上，建立企业内部完善的审计制度。设立相应的审计机构，聘用具有专业技能的人才，进行审计工作。

3. 加强预算与核算管理工作，打好财务内控工作基础

会计预算控制是加强企业内部财务控制的有效方法，企业可以聘请专业的公司进行会计预算，也可以聘请专业的技术人才为企业进行会计预算，在核算的过程中，一定要考虑企业自身的财务管理特点。进行科学、合理具有实用性的会计预算。建筑企业的工程项目比较分散、参与人员较多、管理模式各不相同，所以，首先应该对企业本身以及企业下属的分公司的情况进行全面的了解、分析，要达到预算结果与企业实际资金状况相符，建立统一的预算体系，使企业的分公司能够严格地按照统一的预算体系进行会计预算，加强对资金的控制。在会计预算执行的过程中，要把成本的使用达到最大化，并且要明确资金审批的流程，将工程项目管理中的费用以及工程成本全部纳入会计核算的范围之内，充分保证会计核算信息的真实性及实用性。

4. 注重高素质财务管理人才培养，完善绩效考核机制

人才是一个国家发展的核心力量，更是一个企业不断发展、创新的核心保障。首先，国家可以推出相应的政策，对企业聘用人才制定合理的标准，防止企业财务部门任人唯亲，造成公司财务管理的混乱。其次，企业在招聘财务人员时，要严格地进行标准的把控，不仅要求掌握基本的财务知识，更需要能够很好地对整个财务流程进行管理和监督；企业还需要对财务人员进行定期、定时的培训，不断地加强他们的专业技能、丰富会计专业知识，不断地提升他们的素质。对于在财务工作中做出优秀贡献的员工给予奖励；对于在财务工作中出现过错甚至是造成公司极大经济损失的员工，可以进行相应的惩罚或者予以开除。要重视企业员工绩效的考核和激励，制定合理的升职与绩效考核的技术，不断完善建筑企业内部财务管理制度，提高企业财务管理水平，从而不断促进建筑企业的健康、持续、良好的发展。

三、医院财务电子信息化的内部控制

在医院建立财务电子化信息系统，能够有效提高财务数据处理速度，同时也可以明显促使医院核算工作的可靠性及准确性得到大幅度提升。另外，在传统财务核算过程中通常采取人工核算方式，不仅效率低下，而且特别容易出现计算失误现象，但是建立电子信息化系统后，医院数据处理工作更加准确，同时效率更高，这对于目前的财务工作人员提出了更加严峻的挑战。

（一）电子信息化系统功能

电子信息化控制系统主要包含了下面三个方面功能：第一，电子信息化控制系统具备预防性功能，可以通过防范措施来避免某些错误、舞弊情况或者事故灾害的发生；第二，财务电子信息化控制系统具备监测性功能，可以通过已经发生的事故、灾害、错误或者舞弊现象进行监测，这样就避免损失扩大；第三，财务电子信息化控制还具备校正性功能，可以通过校正检测到错误，还可以对于财务舞弊的行为进行处置，然后，可以补救进而减少经济损失和减轻危害。财务信息化主要就是医院通过使用计算机硬件、软件以及现代化信息技术加强信息资源建设工作，同时提升财务管理质量和财务管理水平。电子信息化控制主要内容包括

财务管理、会计核算、门诊收费管理及住院费管理等，通过信息化控制系统能够有效提高工作效率，同时保障医院经营的完善性，避免由于人工进行操作而出现计算失误或者疏忽大意等情况。

（二）医院财务电子信息化内部控制对策

1. 优化内部控制环节

控制程序系统主要包括财务电子信息系统以及操作环境系统等，要求相关工作人员制定严格完整的操作规定，同时应当强化系统验证工作，及时发现问题同时进行修改。另外，在操作的过程应当明确操作程序以及了解注意事项，只有这样才可以对电子信息化内部控制各大环节进行优化。

2. 提升财务人员素质

为了加强财务控制就需要财务人员具备较高素质，财务工作人员不仅需要充分了解财务知识，而且还应当不断地对新的知识加以学习，只有这样才能促进自身知识体系符合时代发展要求。另外，财务人员还应当加强计算机应用，开展智能财务管理过程当中要充分了解其他相关技术和知识，只有这样才能够在医院财务内部控制过程当中及时发现问题，同时采取有力措施加以解决。

四、智能化下社会保险单位内部控制财务体系探究

社会保险的存在是国家为给予民众一种稳定生活维系的一项专项性的补助项目，民众只须在有能力获取经济收入的年龄段每月上缴一定的固定款项，并缴纳满足规定的年限，便可在特定的年龄段按月获取相应的福利，以此来保障其自身在不能创造经济价值也不能获得经济收入的年龄段，依旧可以获得安稳生活的经济保障。而社会保险单位的存在就是对这一部分款项的核算、收缴、支付及运转等项目进行安排及运作，积少成多、百川汇海。由于我国可缴纳社会保险人口基数较大，以至于社会保险单位所能收缴及支配的社会保险专项款项较大，为了保障专项资金正常、安全、稳定的运行，社会保险单位应对单位内部控制体系进行严格把控，并在财务体系的助力管理下维持在一个安全、正常的运行轨道，从而实现我国社会保险事业的长久稳定运营。

（一）社会保险单位内部控制财务体系存在的重要性

1. 保障社会保险资金安全

由于社会保险单位进行社会保险专项资金管理，其所能支配的款项金额较大、涉及项目较多，故而为了保障人民专项财产安全，减少或避免擅自挪用公款、私设账户、贪污、盗窃等违规违法行为的发生，社会保险单位管理部门应制定完善的内部管理制度，以此来保障专项资金款项的安全运行。社会保险单位内部控制管理应对专职管理人员进行岗位责任制权责划分，以此来保障各部门间的内部管理及运行安全可靠，同时也应针对专项资金款项进行不定期的审计与审查，确保专项资金使用途径合理合规，专项资金余额储备值与账面相符。如在审查过程中发现不法现象造成的资金流向异常或资金无故流失，应及时地进行刑事问责、追讨处理，将资金的损失值降至最低。

2. 提升财务体系运作质量

财务体系下的内部控制工作是通过对社会保险专项资金运作的工作中对各项工作流程进行监督管理规划，并对款项运行中的每一项工作流程进行细致的检测、审批及监督管理工作，利用岗位责任制职权划分，将工作中所涉及的每一位工作人员的工作内容及工作职能进行任职式分工，使其在工作中能够尽职尽责地进行岗位职权能力输出，以此来保障每一位工作人员的工作皆是符合章程规定的合规操作，其中表现尤为突出的便是财务部门工作人员的工作管理，社会保险单位通过对内部管理制度的加强，从而使财务工作人员的日常工作，例如资金流向、资金运转、账务记录、核算盘点、账目审计等工作项目的准确性起到一个强制性提升的作用，从而实现社会保险专项资金的精准监控，保障资金整体运行的安全性。

（二）智能化下强化社保单位内部管理控制相应措施

1. 规范工作流程，强调操作步骤

社保单位的工作范畴不仅仅限于对资金的运行处理，也包括社保涉及各项业务的办理，为了保障后期资金账目的精准核算，首先，需要从业务项目的办理入手，从初级入手逐层递增，确保每个环节所涉及的项目均有详细、准确的可查依

据。相关业务操作人员在进行业务办理时应按照业务办理流程逐步进行业务事项办理，并注意在业务办理过程中所涉及的资料、凭证、单据均应保障其真实、准确、完整，以备资料留存存档，便于后续查找；其次，在办理业务时应注意相关办理流程中所产生的数据资料的公开性，因业务所涉及的利益群体为民众个人自身利益，故而为了使民众了解业务所涉及的利益明细应将涉及民众自身利益的相关资料及数据公示给民众个人，使其了解所办理的业务的具体情况，避免后期民众因不知情原因与社保单位产生不必要的纠纷与麻烦，造成双方利益受损；最后，当业务事项办理结束后，社保单位应对当日所处理的数据资料及纸质资料进行整理、归档、留存，以此来便利后期资料借调、查找。

2. 明确管理责任制，构建完善管理体系

社保单位在进行管理体系设置时应注重对于管理人员及相关工作人员间的岗位责任制的设定，对于每一位社保相关工作的人员应按其工作职位、工作性质来对其进行责任认定，使每一位工作人员在工作中均能尽职尽责地认真对待自身工作范畴内的每一项工作业务，以此来保障业务进行的准确性及数据反馈的真实性，同时因权责设定的规划设置，使每一项工作所涉及的相关数据及资料均不少于两人经手，从而起到相互制约、相互牵制的效果，进一步保障了数据的真实性及工作的规范性，避免了违规操作、贪污克扣的现象发生。

3. 完善财务管理制度，强化会计信息质量

社保单位所涉及的社保资金运作均以提高收益，使资金增值为主要工作目的，而财务部门所涉及的工作范畴正是包含这一项目，为了保障资金流向合规合法、资金运作有据可查，社保单位应相应加强对于财务部门工作的相关管理制度的规划及设定，同时建立完善的资金收支运行管理渠道，以此来保障资金的收入及支取流向均符合中华人民共和国财政部专项管理资金收支、运作管理条例，实现资金流向操作规范合理。同时为了保障资金的往来数据真实有效、操作合规，社保单位应加强对于审计工作的重视程度，审计工作的存在是对财务工作的一项检验式把控项目，是保障财务工作运行合法合规的一项重要工作环节，故而社保单位应多加注重审计工作，并对财务资金流向及运作进行不定期的审计，以保障资金的安全合规。

4. 引进先进科技设备，助力工作运行

随着人口数量的不断增加，社保缴纳人群的数量增加，国家社保政策的不断改良，使得社保单位的工作量也随之不断地增大，处于当下科技信息时代的发展中，社会保险单位也应积极引进先进的科技设备及相应配备的应用软件来进行业务办理及资料处理，以此来提升社会保险整体业务办理的进度，同时利用智能化应用软件及相应设备来进行财务核算，助力实现财务体系监控管理工作的进行，通过财务体系的监控管理，使得社保单位的内部控制管理工作进行得更加顺利高效。

参考文献

[1]代冰莹,雷舒靓,樊姣姣.财务会计在企业中的应用研究[M].北京:中国商务出版社,2023.

[2]崔肖,李晶.企业财务风险防范实操[M].北京:中国铁道出版社,2023.

[3]吴灵辉.财务管理[M].秦皇岛:燕山大学出版社,2023.

[4]何瑛.跨国公司财务管理案例[M].北京:北京邮电大学出版社,2023.

[5]安玉琴,孙秀杰,宋丽萍.财务管理模式与会计审计工作实践[M].北京:中国纺织出版社,2023.

[6]关兴鹏,李娜,周晶石.新经济时代财务管理与创新发展[M].北京:中国商务出版社,2023.

[7]谢春林.数字化时代企业财务管理探究[M].长春:吉林文史出版社,2023.

[8]孙慧玲.新时期高校财务管理创新探索与发展[M].北京:新华出版社,2023.

[9]蔡智慧,绳朋云,施全艳.现代会计学与财务管理的创新研究[M].北京:中国商务出版社,2023.

[10]龙敏,黄叙.财务管理[M].成都:四川大学出版社,2022.

[11]齐昊.齐昊趣谈财务管理[M].北京:机械工业出版社,2022.

[12]王攀娜,熊磊.企业财务管理[M].重庆:重庆大学出版社,2022.

[13]顾艳,莫翔雁.高校财务管理[M].延吉:延边大学出版社,2022.

[14]陈鹰,周静.财务管理思想史[M].北京:企业管理出版社,2022.

[15]冯春阳,张舒,虎倩.企业内部控制[M].武汉:华中科技大学出版社,2022.

[16]魏静.财务管理案例[M].昆明:云南大学出版社,2022.

[17]谢甜,赵晶,张晨必.电商经济与财务管理[M].吉林出版集团股份有限公司,2022.

[18]赵丽,陈熙婷.智能时代的财务管理及其信息化建设[M].汕头:汕头大学出版社,2023.

[19]刘娜,宋艳华.财务管理[M].北京:北京理工大学出版社,2021.

[20]邹娅玲,肖梅峻.财务管理[M].重庆:重庆大学出版社,2021.

[21]刘阳.高级财务管理[M].北京:北京理工大学出版社,2021.

[22]刘清,赵丽君,陈险峰.旅游企业财务管理[M].北京:北京理工大学出版社,2021.

[23]刘福同,邹建军,洪康隆.财务管理与风险控制[M].北京:中国商业出版社,2021.

[24]李晓林,李莎莎,梁盈.财务管理实务[M].武汉:华中科技大学出版社,2021.

[25]张书玲,肖顺松,冯燕梁.现代财务管理与审计[M].天津:天津科学技术出版社,2021.

[26]赵文妍,曹丽.财务管理与理论研究[M].哈尔滨:黑龙江科学技术出版社,2021.

[27]周玉琼,肖何,周明辉.财务管理与金融创新[M].北京:中国财富出版社,2021.

[28]常青,王坤,檀江云.智能化财务管理与内部控制[M].长春:吉林人民出版社,2021.

[29]陶燕贞,李芸屹.财务管理与会计内部控制研究[M].长春:吉林人民出版社,2021.

[30]朱学义,朱林,黄燕.财务管理学[M].北京:北京理工大学出版社,2021.

[31]李敏.企业内部控制规范[M].3版.上海:上海财经大学出版社,2021.

[32]徐礼礼,谢富生,胡煜中.基于大数据的内部控制[M].上海:立信会计出版社,2021.

[33]郭艳蕊,李果.现代财务会计与企业管理[M].天津:天津科学技术出版社,2021.